人邮体育 儿童身体训练动作指导丛书

中国青少年体能训练师认证参考教材

U0865939

荐　口运
　　会动

儿童身体训练动作手册

瑞士球与迷你带训练

王　雄·主编

人民邮电出版社
北京

图书在版编目（CIP）数据

儿童身体训练动作手册. 瑞士球与迷你带训练 / 王
雄主编. -- 北京 ：人民邮电出版社，2020.5（2023.9重印）
（儿童身体训练动作指导丛书）
ISBN 978-7-115-52189-7

Ⅰ. ①儿… Ⅱ. ①王… Ⅲ. ①儿童－身体训练－手册
Ⅳ. ①G808.17-62

中国版本图书馆CIP数据核字(2019)第223949号

免责声明

内 容 提 要

"儿童身体训练动作指导丛书"共7册，是中国青少年体能训练师认证参考教材，并得到了全国
体育运动学校联合会的专业推荐。丛书由国家体育总局训练局体能训练中心创建人、负责人王雄主
编，并由多位国内儿童和青少年体能训练专家、体育教育专家和奥运冠军担任专家顾问，旨在帮助
儿童进行正确的动作练习，得到科学的锻炼指导。

本书首先分别介绍了瑞士球和迷你带的起源与发展、训练优势、类型与选择、在儿童身体素质
训练中的运用优势以及训练的注意事项等内容，然后采用真人示范、分步骤图解的形式，对超过60
个训练动作进行了细致讲解，包括动作要点、主要肌肉和训练目标等。此外，本书还提供了针对不
同训练需求的13个训练计划及大部分动作练习的演示视频，旨在帮助儿童科学锻炼，有效提升体能
水平。

◆ 主　　编　王　雄
责任编辑　刘　蕊
责任印制　周昇亮

◆ 人民邮电出版社出版发行　　北京市丰台区成寿寺路 11 号
邮编　100164　　电子邮件　315@ptpress.com.cn
网址　https://www.ptpress.com.cn
涿州市般润文化传播有限公司印刷

◆ 开本：700×1000　1/16
印张：8.5　　　　　　　　　　　　2020 年 5 月第 1 版
字数：122 千字　　　　　　　　　 2023 年 9 月河北第 9 次印刷

定价：49.80 元

读者服务热线：(010)81055296　印装质量热线：(010)81055316
反盗版热线：(010)81055315
广告经营许可证：京东市监广登字 20170147 号

编委会

致　谢

　　感谢为本丛书的出版做出积极贡献的强大的顾问团队，他们当中有拥有多年教龄的中小学体育教师，也有在一线执教多年的知名教练，还有幼儿体育、儿童兴趣活动、儿童教育实践、体质促进研究、青少年体能训练、青少年运动员科学训练和健身健康等领域的专家学者，他们代表了国内儿童和青少年身体训练领域的领先力量，也感谢国内其他同仁对这个领域的研究和实践所做的贡献。感谢人民邮电出版社有限公司对儿童和青少年体育领域的全力支持，感谢灌木拍摄团队的精心准备和辛勤付出，感谢本书的编委团队。我们一直在努力做好每一个细节，力争给大家提供一份可参考的材料。大家一起努力，共同推进国内儿童和青少年训练领域的健康发展。

　　本丛书尚存在诸多不足之处，但这套"1.0 版本"仅仅是开始，未来我们将会吸收更多的内容、理念，在细节上持续打磨和完善。此外，早在2013年我查阅市面上的儿童青少年体能训练资料的时候，就发现相关方面的研究资料及参考书极其有限，作为专业人员必须拥有的使命感促使我下决心编写一套能为儿童和青少年体育活动实践者提供帮助的材料；现在既然已经开始，我就会继续下去、不断升级，逐步打造出一系列科学、全面、实用的儿童和青少年身体训练动作指导手册！恳请所有读者向我们提出宝贵的建议！

　　科学发展观，少年中国梦。期待本丛书能够为国内儿童和青少年的身体训练发展带来一些促进和益处，让孩子们提升生命质量，形成终身运动的好习惯，实现我们的共同目标："一切为了孩子，为了孩子的一切，为了一切孩子！"

丛书推荐序

2019年9月2日，国务院印发了《体育强国建设纲要》（以下简称《纲要》），体育强国梦有了明确的时间表和路线图。这个激动人心的体育强国建设规划从多个层次对青少年体育的发展进行了清晰的表述，指出要充分发挥体育在建设社会主义现代化强国新征程中的作用。而儿童青少年体育乃是发展之本，国运兴需要体育兴，少年强才能国强。

这个一直规划到2050年的《纲要》在其"战略目标"中提到："青少年体育服务体系更加健全，身体素养显著提升，健康状况明显改善。"在其"战略任务"中提到："将促进青少年提高身体素养和养成健康生活方式作为学校体育教育的重要内容，把学生体质健康水平纳入政府、教育行政部门、学校的考核体系，全面实施青少年体育活动促进计划。"在《纲要》的解读中，进一步提到了"青少年体育发展促进工程"，将要"构建社会化、网络化的青少年体育冬夏令营体系，开展青少年体育技能培训，使青少年掌握2项以上运动技能；丰富青少年体育赛事活动，形成一批具有较大影响的社会精品赛事活动；构建青少年体育社会组织管理和支持体系，促进青少年体育俱乐部、青少年户外体育活动营地等发展。实施青少年体育拔尖人才建设工程，推动体校特色运动队、俱乐部运动队、大中小学运动队及俱乐部建设。进一步发挥体校和社会俱乐部培养竞技体育后备人才的优势。落实教练员培养规划，实施教练员轮训，提高青少年体育教练员水平"。《纲要》将在接下来的时间里，进一步引领我们的青少年体育事业的发展。

我在体育行业工作了四十五年，工作方向从全民健身到竞技体育再到青少年体育。现所在的全国体育运动学校联合会的主要工作宗旨是：团结和推动全国各级各类体育运动学校、青少年体育俱乐部等会员单位的建设与发展，为提高青少年身体素质、培养输送高水平竞技体育后备人才和为社会培养合格的体育专业人才服务，努力为各类青少年体育组织提供一个发展和交流平台，推动中国儿童青少年体育事业发展，促进体育强国和健康中国建设。对于儿童青少年的成长发展来说，体育运动在其中扮演着重要的角色。体育运动能够提升身体素质，促进身体健康和脑力发展，同时培养运动精神和团队精神，增强抗挫折能力和勇气，让每一个孩子能更好地成长为社会需要的人才。

由王雄老师主编的这两套丛书——"儿童身体训练动作指导丛书"和"青少年身体训练动作指导丛书"，其编委会集结了行业内多位知名的专家顾问，包括儿童青少年领域的科研人员、资深中小学体育教师、一线执教的国家队体能教练和青少年俱乐部的儿童训练专家等，代表了国内儿童青少年身体训练领域的先进力量。丛书的内容体系完整，涵盖广泛，表述清晰，针对6~15岁的儿童和青少年。在目前国内中小学生的完整的身体训练体系还在摸索和构建的背景下，丛书为广大体育和教育领域的工作者，尤其是各级体校教练、小学体育教师以及青少年俱乐部教练提供了针对儿童和青少年体能教育的指导策略与教学模式参考，并帮助其设计适合不同发育水平孩子的身体训练计划，从而达到丰富体育课程内容、全面提升儿童青少年身体素质和健康水平的目标。丛书突出了儿童青少年训练的针对性、规范性和实效性，丰富了青少年运动训练的多样化方式，可作为广大家长、体育教师、教练员和体能训练师的参考用书。

在具体内容上，丛书根据不同年龄段儿童青少年的生理和心理发展特征，采用了适用于不同年龄段的身体训练动作和活动方式。例如在儿童徒手练习当中，涵盖了儿童肌肉力量、爆发力、协调性、速度、灵敏反应、柔韧性和能量代谢练习等多个素质类别，还包括大量的动作模式练习、双人配合练习、爬行练习和儿童瑜伽等丰富多彩的实践内容。在形式上，除了提供高质量的动作图片展示之外，还具备通过扫描二维码看视频的功能，可以让读者一目了然地全方位了解动作过程，帮助施教者提供更安全、更科学和更准确的体育教学。

科学发展观，少年中国梦。我仅代表全国体育运动学校联合会衷心将本套丛书推荐给所有儿童青少年的家长、学校体育教师、儿童和青少年身体训练研究人员、从事儿童和青少年体能教育培训的教练或技术人员、相关基层专业队以及青少年俱乐部队伍的教练员。希望丛书能为国内的儿童青少年提供更科学、更安全和更有趣味性的运动指导，帮助孩子们打下坚实的身体运动基础，掌握运动技能，提升运动表现，并享受运动带来的健康和乐趣。

职务：全国体育运动学校联合会教育发展委员会主任，研究员

原任：国家体育总局干部培训中心副主任，国家体育总局教练员学院教练员培训部部长，北京体育大学及河北师范大学的硕士、博士研究生导师

2019 年 10 月 25 日

扫描右方二维码添加企业微信。

1. 首次添加企业微信，即刻领取免费电子资源。
2. 加入体育爱好者交流群。
3. 不定期获取更多图书、课程、讲座等知识服务产品信息，以及参与直播互动、在线答疑和与专业导师直接对话的机会。

丛书序

儿童和青少年是祖国的未来、民族的希望。强健儿童和青少年的体魄，帮助下一代培养良好的生活习惯和运动精神，有利于其塑造正确的人生观和价值观。

在数字经济和人工智能飞速发展的大时代背景下，我们的身体依然停留在为运动而设计的远古时代。体育运动的意义不仅是闲暇时的消遣，还是人类平衡现代生活习惯和远古人体设定的最有效途径。体育运动对促进儿童和青少年身心的全面协调发展有着不可替代的重要作用，而儿童和青少年体育不仅是所有体育事业的基石，更是发挥教育功能和社会效益的重要工具。致力于发展儿童福利事业的宋庆龄曾呼吁——一切为了孩子，为了孩子的一切，为了一切孩子。这句话精辟凝练，含义深刻，是我们全社会践行儿童青少年体育工作的宗旨。

1. 政府重视，政策支持

青少年体质健康历来受到高度重视，习近平总书记在2014年8月15日看望南京青奥会中国体育代表团时强调，少年强、青年强则中国强。少年强、青年强是多方面的，既包括思想品德、学习成绩、创新能力和动手能力，也包括身体健康、体魄强壮和体育精神。此外，习近平总书记高度重视学校体育工作，在系列讲话中指出，身体是人生一切奋斗成功的本钱，少年儿童要注意加强体育锻炼，家庭、学校、社会都要为少年儿童增强体魄创造条件，让他们像小树那样健康成长，长大后成为建设祖国的栋梁之材。要从娃娃抓起，扎扎实实提高竞技体育水平，持之以恒开展群众体育，不断由体育大国向体育强国迈进。

为扭转当前学生体质健康状况持续下降的趋势，近年来，党中央和政府陆续发布了多项政策指令。2007年中共中央、国务院印发《关于加强青少年体育增强青少年体质的意见》（中发〔2007〕7号）；2012年国务院办公厅转发教育部等部门《关于进一步加强学校体育工作的若干意见》的通知（国办发〔2012〕53号）；2013年十八届三中全会通过的《中共中央关于全面深化改革若干重大问题的决定》明确提出"强化体育课和课外锻炼，促进青少年身心健康、体魄强健"的青少年体育工作目标；2016年国务院办公厅印发《关于强化学校体育促进学生身心健康全面发展的意见》（国办发〔2016〕27号），指出"以'天天锻炼、健康成长、终身受益'为目标,到2020年学生体育锻炼习惯基本养成,运动技能和体质健康水平明显提升,规则意识、合作精神和意志品质显著增强"。针对影响儿童青少年健康方面比较突出的近视问题,2018年8月30日,教育部、国家卫生健康委员会、国家体育总局等8部门联合印发《综合防控儿童青少年近视实施方案》,明确提出了2023年和2030年的近视防控目标。

2. 社会关注,市场推动

体质健康水平关系到青少年的健康成长,关系到千家万户的幸福。近年来的全国学生体质健康调研结果显示,我国学生的平均身体素质和健康水平连续多年持续下降,学生体质健康方面存在着诸多令人担忧的严重问题。

一段时期以来,关于我国儿童和青少年体质水平连续下滑的报道不断:由于受到充斥着电子游戏和垃圾食品的生活环境,以及久坐少动的现代生活方式的影响,儿童和青少年的劳动及体力活动急剧减少;由于营养过剩,儿童和青少年肥胖率不断上升;由于学习负担过重,儿童和青少年缺乏足够的活动时间;由于体育课安排不足,儿童和青少年运动个性化、多样化和科学化不够……这些问题已引发社会各界的广泛关注。

为了解决这些问题,全国各地的学校都在不断尝试进行体育教学改革,同时,各式儿童体能训练机构如雨后春笋般地在一些城市中快速涌现。然而,应该如何进行儿童和青少年身体训练,学校和家长应该如何配合,学校及儿童体能训练机构如何才能为孩子提供更科学、更安全、更方便、更有趣、无污染的、有监控的、个性化的、有规划的体育课程或身体练习方案……对于以上问题,无论是理论研究还是实践指导,相比一些有长久积累和规模化发展的国家,我国还处于起步阶段,需要虚心学习和研究借鉴。

除了学校,目前国内儿童青少年体育培训机构早已超过万家,专业的儿童体能训练机构的数量也在不断增加,不仅在一线城市形成了规模化发展,更在二线和三线、四线城市中迅速发展。即便如此,目前全国平均每2万名儿童青少年才对应一家专门的体育培训机构,远远无法满足实际需求。然而需求还在持续增长,中国新一代年轻父母在子女体育运动爱好培养及体能提升培训方面的投入不断增加,在家庭消费支出中占据重要比重。市场的巨大潜力推动了行业的发展,但与此同时也给行业带来发展中的挑战。我们要避免急功近利导致的市场乱象，应当在标准化、规范化的运营管理和科学化、个性化的课程安排方面尽力促进整个行业的健康发展。

3. 遵循科学，遵循规律

让运动成为孩子生活的一部分，让每个孩子都可以愉快地参与丰富多彩的体育活动，享受高质量的体育教育给身心带来的积极变化，从小树立良好的运动习惯和体育价值观，是我们的目标。只有家庭、学校和社会共同发力，创造一个有利于儿童青少年身心发展的健康运动环境，才能帮助孩子们提升体质和强健体魄。而在儿童青少年的体育教学理念中，最重要的就是遵循孩子的身体的生理发展规律，也就是我们经常说的"敏感期"问题。

科学研究证明，在青少年生长发育的过程中，身体形态和机能发展不是均衡渐进的，并存在着"敏感期"。这种敏感期是指某种运动素质在儿童、青少年时期，在有机体自然生长发育的基础上，可以实现最优化发展的某些特定年龄阶段。例如，在孩子的肌肉发育过程中，首先应关注大肌群的增长，然后是精细化的动作控制。在某个阶段，孩子力量的增加主要依靠神经肌肉协调控制，而非肌肉体积的增大或肌纤维数量的增加。因此，如果我们在孩子的儿童青少年时期能按照其素质发展敏感期的规律对其进行训练，就能最大限度地发展其身体素质，为孩子今后的体质健康和运动表现提升打下坚实的基础。

敏感期又被称作"天窗期"，国内外对其的研究很多。出现敏感期的不同身体素质可训练的最佳时机，也被叫作"训练天窗"（Optimal Windows of Trainability）或"最佳训练能力窗口"。

要注意的是，人的一般生长发育是有规律的，但因为受遗传、营养和运动等因素的影响，个体发育的时间是不同的，因此每个人的敏感期出现的时间也是不同的。早发育和晚发育都会偏离正常年龄发育水平两三岁，也就是说，同龄人的身体发育水平差异可能达到4~6岁！两个实际年龄为10岁的孩子，一个发育年龄可能才7岁，而另外一个可能是13岁！此外，一般认为，同龄的男孩女孩会在8岁开始出现发育差异，最好从这个年龄后就对男孩和女孩进行有区别的、针对性的身体素质训练。

因此，在青春期前的敏感期通常与年龄相关；在青春期开始后，敏感期的划分与青春期男孩女孩的一些生理标志出现的时间点有关，如青春期开始、生长峰值点和月经初潮等。目前，在国内外资料当中被研究证实的，同时较为公认和流行的是运动员长期发展模型（LTAD, Long-Term Athlete Development）。按照LTAD模型，身体素质敏感期（训练天窗）有13个，如下表所示。

身体素质敏感期（训练天窗）年龄区间

运动素质	不同敏感期（训练天窗）的出现时间			
性别	男孩		女孩	
柔韧天窗 （2个）	第一天窗期	第二天窗期	第一天窗期	第二天窗期
	5~8周岁	12~14周岁	4~7周岁	11~13周岁
速度天窗 （2个）	第一天窗期	第二天窗期	第一天窗期	第二天窗期
	7~9周岁	13~16周岁	5~8周岁	11~14周岁
技术天窗 （2个）	第一天窗期	第二天窗期	第一天窗期	第二天窗期
	9~12周岁	14~18周岁	7~10周岁	12~16周岁
协调性天窗 （1个）	天窗期		天窗期	
	12~14周岁		11~13周岁	

运动素质	男孩			女孩		
力量天窗 （3个阶段）	天窗 第一阶段	天窗 第二阶段	天窗 第三阶段	天窗 第一阶段	天窗 第二阶段	天窗 第三阶段
	12~15周岁	15~20周岁	20~25周岁	10~13周岁	13~18周岁	18~21周岁
	注释：身高突增期后的6~12个月是第一个敏感期，增长速度最快。后期两个阶段增长速度逐渐放缓			注释：身高突增期或月经初潮后是第一个敏感期，增长速度最快。后期两个阶段增长速度逐渐放缓		
耐力天窗 （2个）	12~14周岁	17~22周岁		11~13周岁	16~21周岁	
爆发力天窗 （1个）	16~22周岁			15~21周岁		

4. 因材施教，全面发展

儿童和青少年体育教育是教育体系中不可或缺的重要部分。相比国外一些国家多年的系统研究和推广实施，我国的儿童和青少年体育教育整体水平仍有待提高。我们还缺乏多样化的身体素质练习手段，缺乏系统深入的研究支撑和长期发展的详细规划设计，缺乏一大批拥有专业资质和实践经验的教练员。当然，我们的发展是迅速的，近些年无论是在理论体系研究上还是在实践方法组合上，都取得了喜人的成绩，未来可期。

在遵循儿童青少年身体生理发展规律的基础上，我们要因材施教，全面发展。在具体的训练执行和练习方式上，以下几个常见问题是最受家长、教练和老师们关注的，同样也是所有儿童青少年训练一线工作人员必须了解的。

（1）儿童青少年的练习方式是否和成人完全一样？

首先，就人体动作而言，对于已具备自由行走能力的儿童或青少年，其可以完成的大多数练习（如下蹲、跳跃和跑步等）的基本动作模式和成年人是完全一样的。不论是普通人还是运动员，不论是儿童还是老年人，其动作模式和动作方式的本质始终一样。Crossfit的创始人格拉斯曼（Glassman）曾说过："奥运会运动员和我们的外婆，对于运动的需求只有程度上的差别，没有种类上的差别。"

其次，儿童和青少年的动作模式和成人一样，在某些细节要求上也一样，但是在具体的动作要求和发展目标上，强调的重点不一样。例如，儿童和青少年体能训练更加强调正确动作模式的自动化训练，强调神经肌肉的本体感觉和动作姿势的标准，而不是强调训练负荷和训练强度。

（2）孩子应先练专项还是先练体能？

目前所有的相关研究都建议并强调，孩子应该在提升基础运动技能的基础上，再参加竞技性体育运动。专家们对"先有合适的身体基础再去练专项"的观点似乎基本形成了共识。美国著名的儿童体能教育专家斯蒂芬·维尔吉利奥（Stephen Virgilio）博士在其所著的《儿童身体素质提升指导与实践(第2版)》一书中就明确指出并强调，在基础体能和专项技术之间，孩子应该先提升基础运动技能，在强化了骨骼肌肉系统和神经肌肉控制系统之后，再参加竞技性体育运动才是最好的选择。

这个规律以多种形式被应用于日常生活中。当儿童青少年刚开始进行体育锻炼时，篮球、游泳等运动专项对其吸引力也许更大。这些项目的初期学习目标是掌握一些基本技能，同时老师或教练也会教授一些热身练习。但是一旦孩子已经学会某个运动专项的基本技能，并且想要获得技能水平的进一步提升，就必须参加专门和正式的体能训练了。

（3）儿童和青少年是否能进行力量训练？

这个命题的研究在美国已有很长时间。之前有观点认为，孩子的肌肉正处于生长发育阶段，不应该过度使用，而且负重训练的危险系数太高。近二十年来，各大权威机构纷纷发表了有关儿童青少年的健身指导文章，推荐其进行力量训练，这些机构包括美国儿科学会（AAP）、美国运动医学会（ACSM）、美国运动委员会（ACE）、美国国家体能协会（NSCA）、英国体育与运动科学协会（BASES）和加拿大运动生理学会等。

其中，美国儿科学会声明："适度的力量训练对于青少年的生长发育、骨骼愈合、心脏循环系统没有明显的副作用。"美国运动医学会认为："一般来说，如果儿童做好了参加组织好的体育运动的准备——如一些小型的足球、棒球联赛或者体操比赛——这就表明他们做好了可以进行一些力量训练的准备。"美国国家体能协会则这样表述："青少年的力量训练在以下情况下是安全而有效的：有一个善于制定训练计划的资深教练（或老师）的指导和监控，且青少年自身已掌握了适当的动作技术。"

对于年龄较小的儿童是否可以进行力量练习，国外的最新研究认为，幼儿园到六年级的儿童不应执行最大负重练习；然而，哪怕年龄小到只有2岁的儿童，都是可以通过进行阻力练习来增强骨骼发育的。国外的长期研究和实践已证明，科学的力量训练是促进儿童青少年体质健康和运动能力增强的有效方法，有监督、有计划、科学合理的力量训练其实是一种安全有效的训练方式，对孩子肌肉的生长发育有诸多益处。力量素质是参与一切体育活动的基础。在日常体育课教学中，合理安排力量训练环节可以逐步提高学生的身体素质和运动能力。因此，本套丛书提供了多种适合学生力量素质发展的练习方法，并针对不同年龄孩子的生长发育情况制定了不同的个性化训练计划，图文并茂，通俗易懂，引导学生科学系统、安全高效地进行力量训练，并为体育教师和体能教练提高孩子的身体素质和专项运动成绩提供了技术支持。

（4）为什么儿童青少年身体训练要关注动作模式？

儿童青少年的身体训练是为了打好身体基础，提升体能水平，且体能水平包含动作、身体素质和运动表现三个维度。动作是其中最本质和最基础的——任何日常身体活动和竞技运动都是由基本身体动作组成的，力量、爆发力、耐力、速度、敏捷、平衡、协调和柔韧等其他身体素质的发展都建立在此基础之上，最终达到实现结合运动专项或者其他功能需求的运动表现的目标。

动作模式就是遵循人体科学运动的基本原则，让身体以最佳路径和最佳效率完成动作的过程。动作练习的目的就是建立正确的动作模式，并优化发展为动作技能。好的动作模式可以让你用最小的力和最经济的能量消耗来达到最佳的运动表现。专业运动员为了更好的竞技运动表现，突破既定的运动极限，不断改进自己的技巧、熟练自己的技能，为的就是能在更好的动作模式下提升至最好的成绩。普通人也是如此，如果没有正确的动作模式，就会在运动中事倍功半。但大多数普通人的动作模式并不正确且已经"定型"，只能通过科学的纠正性训练进行矫正，且矫正过程异常复杂而艰难。而这种"最佳"动作模式建立和优化的最佳时期必定是在儿童青少年阶段。

动作模式的练习讲究神经肌肉的本体感觉和协调配合，以及动作姿态的有序控制。例如，在下蹲练习中，一个正确动作模式的下蹲动作需要踝关节、膝关节和髋关节的弯曲角度合理，踝部有足够的灵活性以保证膝关节的位置正确，膝盖有合理的折叠角度以帮助身体更好地利用大腿肌肉，髋部有合适的位置以保证上半身角度合理；同时，还需要躯干和核心配合发力，以及背部肌肉的参与。其他任何动作细节，包括肩膀的位置、头部的角度，甚至是视线，都有可能影响到整个身体联动发力的变化和动作模式的效率。

此外，练习动作模式的另一大功能就是保护身体，预防伤病。人体关节有两个基本特性：灵活性和稳定性，往往以一个为主，另一个为辅。这是人体的"原本设计"，是不可改变的。错误的动作模式会使某一关节的灵活性或稳定性产生变化，并进一步造成上下联动关节的错误代偿。虽然人体具有自我纠正能力，但一旦运动过量或负荷过大，就会产生永久性运动损伤。例如，硬拉练习是一个综合性训练动作，可以锻炼全身上下的多数肌肉，特别是后链肌群。但硬拉练习的训练目标不仅是肌肉，更重要的是动作模式。如果在练习过程中存在腹部用力不够、肩胛肌肉或腰背部肌群参与不够等问题，很容易导致人体脊柱过度屈曲，给脊柱造成额外的压力，使其成为一个错误而危险的动作。

因此，儿童青少年时期的身体训练要重点关注动作模式，以最有效率的动作幅度和最经济的能量消耗来获取最大的运动收益，这也是进行身体训练的黄金法则。

（5）一些高难度、高强度练习是否适合儿童青少年？

斯蒂芬·维尔吉利奥博士曾明确提出建议：10岁以上的孩子应每周至少有5天进行60分钟以上中等强度或更激烈的体育运动。我国的儿童青少年普遍存在运动参与较少的问题，如果突然加大训练量或训练强度，会出现不适应的情况。但只要循序渐进，科学进阶，孩子一样是可以做好很多强度较高、难度较大的训练的。从美国、德国和日本等国家的很多儿童训练视频和教程可以看出，孩子的训练强度和训练质量可以是很高水平的。因此，在保障好基本安全的前提下，遵循科学指导的原则，家长、老师和教练完全不必过度担心。

此外，一些欧美国家的专家认可并建议将基础体能训练（包括力量训练、有氧健身和关节灵活性训练等）融入中小学体育课程，以全面提升孩子们的运动能力，让孩子获得受益终生的训练技术、健康知识、训练态度和生活习惯，以及成年后参与体育运动所需要的知识和信心，并为未来的运动生涯打下基础。

（6）如何保障每一个孩子的训练积极性？

现代儿童和青少年的生活方式与历史上任何时期相比都发生了根本性的变化。不同于过去，现代孩子们大部分时间都在有封闭保护的环境下进行着消极的娱乐活动。要激发孩子的训练兴趣，首先要打破成人"缩小版"的训练模式，取而代之的应该是根据每个不同年龄、体质和特点的孩子定制个性化计划，最大限度地提升孩子对参与训练的兴趣，激发他们的好奇心和挑战心理。

对于每个孩子来说，体育活动都应该是有趣且愉快的，而不应仅仅是有天赋的孩子才会有这种感觉。体育活动并不一定要有明确的名次目标，我们必须停止将10岁的孩子作为年轻版的成人运动员来对待这种做法，而应让他们顺其自然地发展，让孩子们自由地活动、玩耍和娱乐，在运动中展示自我。在设计上，要敢于打破传统的体育教学套路，设计一些孩子喜欢并易接受的创新性体能练习方法，让每一个孩子都能够毫无压力地参与其中，从而摆脱久坐少动、肥胖和营养过剩对身体带来的不利影响，在轻松和欢乐中逐步提升自身的身体素质和运动表现。

在教学方法上，教师在训练的开始阶段要"低估"孩子的运动能力，然后逐步增加动作难度和运动强度，并且始终强调动作的规范性而不追求过度练习，坚持适当的练习永远优于过度训练。此外，教师要多与孩子进行互动，关注孩子的情绪状态，了解他们的想法和感受，多给予孩子鼓励和赞扬。教师还应及时记录训练信息，监督训练成果，让孩子理解和感受训练的益处，享受训练过程，从而激发孩子终身锻炼的兴趣。

一个全面的儿童青少年训练计划的执行过程，应该包含艺术和科学两个方面。科学是为了理解训练的原理和方法，艺术则是为了满足不同需求、目标和能力的训练者，并为其设计安全、高效和有趣的训练计划。对于孩子的训练不用过分讲究"No pain, No gain"（无痛则无果），训练不仅仅是为了增长肌肉力量和运动表现水平，更是为了让孩子了解自己的身体，保持运动的兴趣，收获更多的快乐。这种快乐是在掌握技能与完成挑战性任务之间的平衡中获得的，孩子只有在训练中获得了知识、技能和信心，并且感受到训练所具有的挑战性时，身体训练才是一种有趣的活动。

5. 本丛书的对象和受众

本丛书的阅读对象分为四类人群：儿童和青少年的家长；学校体育教师和从事儿童和青少年身体训练相关研究工作的人员；专业从事儿童和青少年体能教育培训的教练或技术人员；相关基层专业队、青少年俱乐部队伍的教练。此外，具备一定知识的青少年也可以直接阅读本丛书。

丛书分为两个系列："儿童身体训练动作指导丛书"和"青少年身体训练动作指导丛书"。目标受众是6~15岁的儿童和青少年。按照国内学龄阶段的划分，分为小学和中学两个学历阶段，同时按照九年义务教育的年限，按每三岁一个年龄区间分为3个层级，如下表所示。

儿童和青少年年龄、年级、学龄划分表

层级	年级划分	年龄区间	人群属性	学龄阶段
一	1~3年级	6~8周岁	儿童	小学生
二	4~6年级	9~11周岁	儿童	小学生
三	7~9年级	12~14周岁	少年	初中生

其中，第一层级和第二层级都属于小学阶段，对应的是"儿童身体训练动作指导丛书"，第三层级属于初中阶段，对应的是"青少年身体训练动作指导丛书"。当然，年级、学龄阶段不代表孩子的发育水平和身体运动能力水平，每个年级或年龄阶段都可能有处于不同发展水平的孩子，而且差异会很大。

国内对于儿童与青少年的界限划分以及对应的中英文词汇的使用还比较混淆，为此，在查阅和参考相关资料的基础上，丛书在此做一个术语用法的大致介绍，同时明确一下年龄界限划分。美国国家运动医学学会（NASM）认为，青少年（Youth）这个词汇涵盖了一个较大的年龄范围，并且有广泛的含义，比如"青年时代"的意思，基本包含了儿童和少年阶段。美国疾病控制和预防中心（CDC）则使用儿童（Children）和青春期少年（Adolescent）两个词汇来对两组人群进行区分。通常来讲，刚出生到1周岁之间的小孩被称为婴儿（Infant），1~3周岁则被称为幼儿（Baby），学龄前儿童（Preschool Children）相当于我们国家的幼儿园阶段，即3~6周岁，儿童（Children）所指的年龄范围为3~12周岁，而青少年（Teenager）所指的年龄范围为12~18周岁。NASM还指出，当涉及运动反馈时，儿童（Children）通常所指的年龄范围为6~12周岁，因为3~5周岁的儿童在分级测试和需要最大极限的运动中不会涉及。

此外，丛书在此要对英文中Kids、Adolescent、Juvenile和Teenager等几个相关词的意思和年龄界限进行一个简要释义。Kids（孩子）多从关系属性上强调相比之下跟自己感情亲近的孩子，更加口语化，而Children（儿童）更多泛指所有的孩子，没有感情亲疏之分。Adolescent（青春期少年）这个词有名词和形容词的双重属性，强调的是孩子处于青春发育期这个阶段，年龄区间一般是10周岁左右。Juvenile也可以作形容词和名词，指没有发育成熟的青少年。而Teenager是这几个词当中定义和年龄界限最明确的一个，指12~18周岁的青少年。参考下表，你将有一个清晰的了解。

术语年龄界限划分参照表

中文用词	婴儿	幼儿	学龄前儿童	儿童	青少年	青少年（广泛）
英文用词	Infant	Baby	Preschool Children	Children	Teenager	Youth
年龄范围	0~1周岁	1~3周岁	3~6周岁	3~12周岁	12~18周岁	6~18周岁

2019 年 9 月 27 日

前　言

　　在目前适合国内中小学生的完整的身体训练体系还在摸索和构建的背景下，本丛书期待为广大体育和教育领域的工作者，尤其是中小学体育教师提供针对儿童青少年体能教育的指导策略和教学模式参考，并帮助其设计适合不同发育水平孩子的身体训练课程，从而丰富体育课程的内容，达到全面提升儿童和青少年身体素质与健康水平的目的。丛书突出了儿童和青少年训练的针对性、规范性和实效性，丰富了儿童和青少年运动训练的多样化方式，可作为广大体育教师、教练、体能训练师、健身教练和健身爱好者的参考书。

　　本丛书的内容参考了国内外多部与训练相关的图书和视频，包括《身体功能训练动作手册》，以及来自美国NASM 的YES（Youth Exercise Specialization）教程和美国Gopher 公司开发的Achieve 儿童运动教程等。教师和教练可以根据孩子的年龄、个体能力及训练年限，选择从入门到高级的训练动作，作为制定训练计划的参考。

　　"儿童身体训练动作指导丛书"和"青少年身体训练动作指导丛书"的核心目的是动作指导，为了使用方便，同时便于读者找到合适的参考，本丛书按照徒手训练、拉伸训练和各种不同小器械训练的方式进行分类。在维度设置上，本丛书并没有按照训练板块，如热身整理、准备活动、基本动作技能、力量训练、核心训练、拉伸训练、快速伸缩复合训练、速度训练、游戏、瑜伽、有氧心肺、稳定性训练和灵活性训练进行划分，也没有从身体素质，如力量、爆发力、平衡、柔韧、灵敏、速度、心肺耐力和肌肉耐力等维度来设置。但是，丛书在动作体系分类中体现了以上两个维度，同时按照身体部位（如上肢、下肢和躯干等）和身体姿势（如站立姿、半跪姿、仰卧姿和俯卧姿等）等多维度来综合设置。

　　其中，"儿童身体训练动作指导丛书"针对1~6年级的小学生，年龄区间为6~11周岁，全套包括《儿童身体训练动作手册：徒手训练》《儿童身体训练动作手册：拉伸训练》《儿童身体训练动作手册：弹力带训练》《儿童身体训练动作手册：瑞士球与迷你带训练》《儿童身体训练动作手册：哑铃与壶铃训练》《儿童身体训练动作手册：药球与BOSU球训练》《儿童身体训练动作手册：栏架、平衡垫、泡沫轴与按摩棒训练》。

　　"青少年身体训练动作指导丛书"针对初中生，年龄区间为12~14周岁，全套包括《青少年身体训练动作手册：徒手训练》《青少年身体训练动作手册：拉伸训练》《青少年身体训练动作手册：弹力带训练》《青少年身体训练动作手册：哑铃训练》《青少年身体训练动作手册：瑞士球训练》《青少年身体训练动作手册：药球与壶铃训练》《青少年身体训练动作手册：BOSU球与迷你带训练》《青少年身体训练动作手册：栏架、泡沫轴与按摩棒训练》。

　　每本书均由三部分构成：第一部分介绍训练所用小器械的基础知识、主要训练优势，以及主要涉的训练板块，如BOSU球主要用于平衡稳定练习，哑铃主要用于力量练习，栏架多用于灵敏练习和快速伸缩复合训练；第二部分是动作的详细板块，按照训练板块、身体部位、身体姿势和素质类别等，从多个维度和层面将动作进行了细致划分，以图文结合的形式详细介绍每一个具体的动作练习，说明动作步骤、动作要点和注意事项，且部分动作有对应的参考视频，读者可以通过扫描二维码进行查看；第三部分是训练计划示例，提供了若干个参考性训练计划。训练计划针对不同目的、不同水平的儿童青少年设计。当然，书中所列的计划只是一个简要的参考，读者可以根据需求或训练对象的具体情况设计更加多样化和个性化的训练计划，以实现高质量体育教学的目标。

　　本丛书根据不同年龄段儿童和青少年的生理、心理及营养等发展特征，并参考目前国外流行的LTAD模型，确定适用于不同年龄段的体能训练动作和活动方式，比如《儿童身体训练动作手册：徒手训练》就涵盖了儿童肌肉力量和耐力、协调性、速度、灵敏反应、柔韧性和能量代谢练习等多个素质类别，同时还提供多种动作模式练习、双人配合练习、爬行练习和儿童瑜伽等丰富多彩的实践内容，帮助他们提升运动表现，加强团队合作，并享受运动带来的健康和乐趣。

　　这套丛书联合体育训练和学校体育行业的国内外专家，参考国际最新的儿童和青少年训练体系及领域研究成果，以简洁实用的动作练习和丰富实用的训练计划来呈现，拟搭建6~15周岁范围内中、小学的两段课程体系，构建中小学身体训练课程及儿童和青少年体质健康解决方案，帮助施教者提供更安全、更科学、更具趣味性的体育教学，促进儿童和青少年更积极地参与体育活动，更轻松易行地掌握基本运动技能，更科学合理地全面提高身体素质。

动作视频在线观看说明

为了帮助儿童快速掌握动作技术，科学地进行身体锻炼，本书提供了大部分动作练习的演示视频，具体可通过以下步骤在线观看。

步骤1 打开微信"扫一扫"（图1）。

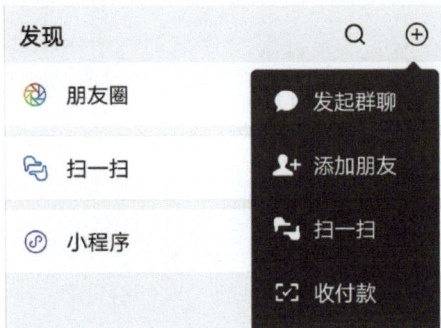

图1

步骤2 扫描动作练习页面上的二维码（图2和图3）。

图2

图3

步骤3 如果您尚未关注微信公众号"人邮体育"，扫描后会出现"人邮体育"的二维码（图4）。请根据说明关注"人邮体育"（图5），并在关注后点击"资源详情"（图6），即可进入动作视频观看页面（图7）。如果您已关注微信公众号"人邮体育"，扫描后可直接进入动作视频观看页面。

图 4

图 5

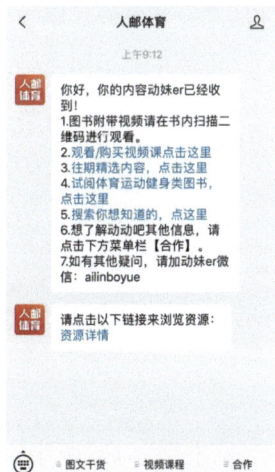
图 6

图 7

特殊说明：

1．全书共提供了52 个动作视频，且每个动作视频对应一个二维码。

2．考虑到部分动作练习的单次演示时间较短和动作难度较大的情况，同时为了达到更好的指导效果，动作视频将重复演示动作练习若干次。此外，为了更好地展示动作细节，部分动作视频将从不同角度或书中演示侧的对侧演示动作练习并重复若干次。

目录 CONTENTS

CHAPTER **03** 第三章

动作练习

CHAPTER **04** 第四章

训练计划

CHAPTER 01 第一章

瑞士球基础知识与训练应用

以独特的功能特点，瑞士球在大众健身、专业体能和运动康复领域都得到了广泛的运用，在儿童身体素质提升训练方面也具有独特的优势。本章介绍了瑞士球的起源与发展、训练优势、选择方法、训练应用及注意事项等内容，可以帮助练习者了解瑞士球训练的基础知识，为实际训练做好准备。

1.1 瑞士球的起源与发展

　　瑞士球也叫健身球，因最早起源和发明于瑞士而得名。瑞士球最早是作为玩具被发明出来的，后来才因其特殊的训练功能被物理治疗师运用于康复医疗领域。作为一种康复医疗设备，瑞士球可以用来帮助那些运动神经受损的人恢复平衡和运动能力。随着它在恢复腰、背、颈、髋、膝关节等功能方面发挥作用，逐渐被延伸推广为一种流行的健康运动器械。21世纪初期，瑞士球作为一种颇受欢迎的，带有趣味性的运动器械，逐渐开始在大众健身领域受到关注并得到运用，并从瑞士流传至欧洲其他国家、美国以及世界各地。瑞士球的不稳定特性使得训练时能够刺激到机体深层的肌肉，从而产生良好的训练效果。因此，瑞士球也被广泛应用于竞技体育的身体训练当中，成为运动员必不可少的核心训练手段。

1.2 瑞士球训练的优势

成本低

瑞士球材料简单，造价低廉，未充气时也便于携带，几乎所有人都可以拥有一个适合自己的瑞士球。此外，人们不必非得去健身房才能用瑞士球锻炼，只需要一个开阔的空间，在家里也可以轻松使用。

增强核心稳定性以及平衡能力

采用瑞士球进行训练时，身体的某些部位会接触到瑞士球，此时身体处于不稳定的平面上。在这种情况下进行动作练习，练习者必须先稳定重心，然后才能执行特定的训练动作。由于瑞士球提供了非稳定的训练环境，因此练习者必须不断提高核心稳定性和平衡能力，才能控制好不断变化的身体重心。

提高核心专门性力量

瑞士球练习是发展核心专门性力量的主要手段。训练时，瑞士球所提供的不稳定环境能够刺激训练者的本体感受器，使其募集更多的运动单位，加强对深层小肌肉群的锻炼效果。此外，瑞士球可以应用到专项训练中，与其他项目的技术动作相结合。比如，游泳运动员在瑞士球上做双腿打水动作，这样能够更好地提高游泳项目的核心专门性力量，从而更有效地提升运动表现。

增强神经肌肉控制能力

在运动中，中枢神经系统（即大脑和脊髓）通过本体感受器（如肌梭、高尔基腱器官和游离神经末梢）源源不断地接收感官反馈，收集关于肌肉长度、肌肉张力、关节位置和关节转动程度的信息。采用瑞士球训练，使得机体在平衡与不平衡之间快速转换，这样能够加深对本体感受器的刺激，久而久之，人体的神经系统就会通过运动链来完美地控制各部位肌肉，从而实现高效、稳定的动作模式。

1.3 瑞士球的类型与选择

　　瑞士球的选择通常是以练习者的身高为依据。当练习者坐在一个球上，其臀部应该略高于膝盖，双脚应该平放在地板上。一般来说，练习者的手臂长度是衡量是否选择了大小合适的瑞士球的标准。

手臂长度 / 厘米	瑞士球尺寸（直径）/ 厘米
56 ~ 65	55
66 ~ 80	65
81 ~ 90	75
90	85

1.4 瑞士球训练在提升儿童身体素质训练中的运用优势

儿童天生就很活跃，他们喜欢玩，并喜欢通过运动来表达自己。瑞士球作为一种新型的训练手段，受到大部分儿童使用者的喜爱。采用瑞士球进行训练，训练效果非常显著，还可以改变枯燥的训练模式、方法，使儿童玩得开心，感到有趣，从而使他们参与训练的积极性更高。

儿童处在快速生长阶段，快速的生长发育、校园体育里产生的不平衡锻炼（注重前面而忽视后背）、越来越繁重的学习任务都可能会对儿童的身体姿态产生影响，使幼小的身躯看上去已经"老态龙钟"。其实他们可能已经处于肌肉失衡的状态，即身体前侧肌肉过于紧张而后侧肌肉过于薄弱。瑞士球正是矫正身体不良形态的重要训练器械，其所具有的不稳定性及球体任意滚动的特性，能够有效拉伸紧缩的肌肉，同时激活那些失活的肌肉，锻炼到身体后侧那些经常被忽视的肌肉。这不仅能够促进儿童身体形态健康发育，还可以增加他们对身体的满意度和自信心。

儿童精力旺盛、活泼好动，此时虽然学习动作较快，但是动作容易不准确，掌握复杂动作的难度大。此时采用瑞士球训练，有助于增强核心力量，提高儿童对合理姿势的控制能力，逐渐形成稳定、协调的技术动作，从而使体育运动能力得到提高。

此外，由于儿童活泼好动，并且骨骼和肌肉系统刚刚开始发展，所以很容易在运动中发生损伤（如生长软骨损伤）。瑞士球可以训练到身体深层的小肌肉群，而这些小肌肉群是保护人体关节和韧带的关键，对儿童来说至关重要。小肌肉群的加强，为今后进行更高级别的训练打下坚实的基础，同时有效避免了运动损伤。

1.5 瑞士球训练的注意事项

进行瑞士球训练时，应注意以下事项。

（1）要确保拥有足够大的场地，地面要干净、整洁、防滑，任何的沙砾或碎片都可能划破球体，给训练带来危险。

（2）儿童的训练服装不要太过光滑及宽松，摩擦力太小会导致儿童无法对球体进行有效的控制从而引起滑落。如果需要穿鞋训练，鞋子不要太厚和太重，尽量选择轻薄的鞋子，这样便于控制球体。

（3）由于身高、体重等因素，给儿童选择的瑞士球不应过大，且要保证一定的充气量，保障训练时的安全。

（4）由于瑞士球提供了一个不稳定的平面，增加了举起重物的难度，而儿童力量尚弱，所以要谨慎地选择负重物的重量。

（5）儿童进行瑞士球训练时，应该有家长或教练从旁观察、保护，确保训练过程安全。

CHAPTER 02

第二章

迷你带基础知识与训练应用

迷你带是一种既简单又方便的训练器械，在大众健身和专业体能训练领域有着非常广泛的应用，在儿童身体素质提升训练方面也具有独特的优势。与第一章的内容结构类似，本章介绍了迷你带的起源与发展、训练优势、选择方法、训练应用及注意事项等内容，可以帮助练习者了解迷你带训练的基础知识，为实际训练做好准备。

2.1 迷你带的起源与发展

　　迷你带又叫环形弹力带，是一种易于携带、简单方便，且十分有效的小型体能训练工具，最初被用于医疗康复领域，用来帮助一些慢性病患者，针对他们力量薄弱的肌肉进行抗阻练习。因为迷你带可以由练习者自己控制，锻炼方式也比较安全，所以常用来做康复性训练。而随着运动技术的发展，这一安全的康复器材也逐渐被应用在健身领域，成为全民健身中最受欢迎的辅助训练工具之一。

2.2 迷你带训练的优势

安全，易执行

　　人体通过抵抗迷你带的弹性阻力做功从而达到训练的目的。迷你带的阻力相对较小，也较容易控制，不易产生训练伤害。迷你带体积小、重量轻，能够随身携带，随时随地都可以进行训练，对空间、场地几乎没有任何要求。

迷你带训练的适用人群广

　　无论是患有伤病需要进行康复训练的人士，还是高水平的专业运动员，无论是儿童或老年人，还是身体素质水平相对较高的青年人，迷你带都是很好的训练工具。

迷你带是激活臀部的绝佳训练工具

　　臀大肌是人体中最大的单块肌肉，它像发动机一样能够为身体提供强大的动力源，同时臀部肌肉是维持脊柱功能的基础，也是连接上肢运动链和下肢运动链的中间枢纽。但是，臀大肌里面神经较少，也是人体惰性较大的肌肉，需要通过训练激活才能更好地发挥出它的作用。因此，在热身准备活动中运用迷你带进行臀部激活，能够较为充分地动员臀部肌肉，从而在运动中积极主动地发挥出最佳功能。

加强肩袖肌群的力量，稳定肩胛骨

　　一个健康的肩关节是发展上肢力量的基础，而加强肩胛骨的稳定性是其中的关键。在上肢力量训练前或训练中，采用迷你带进行肩关节训练，能够刺激其周围深层的肌肉，稳定肩胛骨，从而在一定程度上达到预防上肢与肩部损伤的效果。

2.3 迷你带的类型与选择

　　常见的迷你带为宽度5厘米左右、长度50厘米左右的橡胶闭环。通常各种型号的迷你带的弹力大小可以通过颜色来辨别。颜色越浅，阻力越小；颜色越深，阻力越大。按照市面上比较通用的迷你带产品来说，一般粉红或绯红色的迷你带阻力最小，然后是黄色迷你带，接着是绿色迷你带和蓝色迷你带，阻力逐渐增加，最后是阻力最大的黑色迷你带。练习者可根据自身条件及训练部位来选择合适的迷你带。若你的下肢力量不错，在进行臀部激活练习，可以选择阻力稍微大一点的迷你带，比如绿色和蓝色，而进行肩部小肌群稳定训练时，可以选择阻力较小的迷你带，比如粉红色或黄色的。

2.4 迷你带训练在提升儿童身体素质训练中的运用优势

迷你带体积小，重量轻，携带方便，使用方法简单，训练不受场地、环境等因素的影响。儿童可随身携带，利用课间休息的时间便能够轻松进行训练，大大降低了训练成本，也不占用学习时间，且安全系数高，是儿童必备的训练小器械之一。

儿童时期是身体素质发展的基础阶段，训练时讲究全面发展，最好涉及各种身体素质类型的运动都要参与。同时由于儿童骨骼肌肉系统尚未发育完全，动作技术掌握不到位，容易在训练中产生损伤，因此应当在儿童进行正式的训练之前使用迷你带激活目标肌群，增强神经系统对目标肌群的控制、协调能力，从而使儿童更好地投入到主体训练当中，减少运动损伤。

儿童处于力量素质发展的初期，小肌肉群和神经系统发育都不完善，因此，此时儿童在体育活动中会表现出下肢不稳定、动作晃动明显等问题。究其根本原因，是儿童臀部深层的臀中肌、臀小肌长期处于未激活状态。这两块肌肉的强弱会直接影响到膝关节的稳定性，而膝关节不稳很容易导致运动中产生损伤和疼痛。采用迷你带训练，能够有效激活臀部深层肌肉，使身体的重心和膝关节更加稳定，从而大大降低下肢受伤的风险。

2.5 迷你带训练的注意事项

进行迷你带训练时，应注意以下事项。

（1）保证训练场地的安全性。确保不会因地板原因出现滑倒、摔伤等意外。

（2）要根据自身实际情况及训练的部位选择阻力大小合适的迷你带。通常，适合儿童的阻力范围在黄色、绿色和蓝色区域内，很少用到阻力非常大的黑色迷你带。

（3）使用前要检查迷你带是否有破损，如有问题要及时更换，防止训练时出现意外。

（4）使用迷你带时不要令其过度拉伸，拉伸范围不要超过原长的3倍。

（5）由于迷你带属于橡胶制品，会随着时间的推移逐渐变质，光照和皮肤分泌物会加速这个过程，因此，每次使用后要进行简单清洁，并避光保存。

CHAPTER

03

动作练习

　　儿童可以利用瑞士球和迷你带针对不同身体部位进行不同功能的练习。明确动作练习的训练部位和训练目标，掌握动作要点和注意事项，是练习者获得理想训练效果的基础和保障。

瑞士球篇

3.1 站姿训练

瑞士球 - 抱球下蹲至过顶举球

训练部位 **上下肢**

主要肌肉 **股四头肌、斜方肌、三角肌**

训练板块 **力量练习、热身练习**

训练目标 **力量、协调**

瑞士球篇

动作要点

1 屈膝、屈髋下蹲，使大腿尽量与地面保持平行，屈肘，双手抱球将球置于胸前位置，背部挺直。

2 伸髋伸膝，同时双手伸直抱瑞士球举过头顶，使球处于头顶上方，挺胸直背。

⟳ 恢复至起始姿势；按训练计划重复规定次数。

1

2 ⟳

迷你背篇

瑞士球 - 站姿 - 交替侧踢

训练部位　**下肢、核心**

主要肌肉　**臀中肌、臀小肌**

训练板块　**力量练习、热身练习**

训练目标　**力量、协调**

注意事项　**在运动过程中保持上身直立**

动作要点

1 直立站姿，双脚分开，双手伸直抱瑞士球举过头顶，使球处于头顶正上方，挺胸直背。

2 上身向身体一侧侧屈，双臂抱球向同侧下落至最大幅度，同侧腿直腿向侧方抬起，直至与地面平行，上身侧屈与侧抬腿动作同时进行，进行中保持身体稳定。

↻ 恢复至起始姿势，换边进行同一动作；按训练计划重复规定次数。

瑞士球 - 站姿 - 单腿 - 平衡旋转

训练部位　**核心**

主要肌肉　**核心肌群**

训练板块　**力量练习、平衡稳定练习、核心练习**

训练目标　**稳定、力量**

注意事项　**在运动过程中保持脚尖朝前，核心收紧**

动作要点

1 单腿站立，呈运动准备姿势，双手持瑞士球，并将其置于胸前。

2 核心收紧，保持身体稳定，将瑞士球缓慢向身体一侧转动，保持动作，再向对侧转动。

↺ 规定时间内持续进行双侧转动，完成后，换腿进行下一组。

瑞士球篇

瑞士球 - 侧向分腿蹲

训练部位 **核心、下肢**

主要肌肉 **股四头肌、臀大肌、大腿内侧肌群、核心肌群**

训练板块 **力量练习、平衡稳定练习、核心练习**

训练目标 **稳定、力量**

注意事项 **下蹲过程中膝关节尽量不要超过脚尖，背部平直，核心收紧**

动作要点

1 双手置于腰部，单腿站立，支撑腿挺直，对侧腿屈髋屈膝，将脚置于体侧瑞士球上方球面上。

2 臀部向后，支撑腿屈膝下蹲，直至大腿与地面平行。对侧腿同时伸直，脚保持在球面上。

↻ 起身恢复至初始姿态；根据训练计划，重复规定次数；换边进行下一组。

3.2 坐姿训练

瑞士球 - 坐姿 - 平衡静力

训练部位　**核心**

主要肌肉　**核心肌群**

训练板块　**力量练习、平衡稳定练习、核心练习**

训练目标　**稳定、力量**

注意事项　**在运动过程中腹部和腿部收紧**

动作要点

坐于瑞士球上，双腿屈膝，双脚支撑于地面，双臂环抱于胸前，腹部收紧，保持身体稳定、平衡，慢慢抬起双腿，使双脚离开地面；规定时间内保持姿势不变。

瑞士球篇

达优体能

瑞士球 - 坐姿 - 交替转髋

训练部位　**核心**

主要肌肉　**核心肌群**

训练板块　**灵活性练习、平衡稳定练习、核心练习**

训练目标　**稳定、力量**

注意事项　**运动过程中保持核心收紧**

动作要点

1 坐于瑞士球上，挺胸直背，双脚支撑于地面，保持身体姿态稳定。

2 抬起一侧髋部至最大幅度。

↻ 恢复至起始姿势，换边进行，抬起另一侧髋部至最大幅度，再次恢复至起始姿势。按训练计划，重复规定次数。

瑞士球 - 坐姿 - 双人传球

训练部位 **核心、胸部**

主要肌肉 **核心肌群、胸大肌**

训练板块 **力量练习、平衡稳定练习、核心练习**

训练目标 **稳定、力量**

动作要点

1 两名练习者面对面分别坐在两个瑞士球上，保持一定距离用于抛球，一人手持药球于胸前。腹部收紧，双脚置于瑞士球前侧地面支撑，保持身体平衡、稳定。

2 手持药球的练习者屈肘，快速将药球从胸口向前推出，传给对方。

↻ 另一练习者伸手接球，接到后立刻重复以上步骤。按训练计划，重复规定次数。

瑞士球 - 哑铃 - 坐姿 - 侧平举

训练部位 **核心、上肢**

主要肌肉 **核心肌群、三角肌**

训练板块 **力量练习、平衡稳定练习、核心练习**

训练目标 **稳定、力量**

注意事项 **在运动过程中核心收紧，不要耸肩**

动作要点

1 双手持哑铃，自然下垂置于身体两侧，坐于瑞士球上，双脚支撑于地面上，挺胸直背，保持身体稳定。

2 双臂侧平举，抬起至肩部高度，与地面平行。

↻ 放下手臂，恢复至起始姿势；按训练计划，重复规定次数。

1

2
↻

瑞士球 - 拉力器 - 坐姿 - 单臂外旋

训练部位 **核心、上肢**

主要肌肉 **核心肌群、三角肌后束、冈下肌、小圆肌**

训练板块 **力量练习、平衡稳定练习、核心练习**

训练目标 **稳定、力量**

动作要点

1 面对拉力器，坐于瑞士球上，双脚支撑于地面上，挺胸直背，保持身体稳定，单侧手拉住拉力器把手或弹力带一端，屈肘，保持上臂与前臂呈90度夹角，抬起手臂直至与地面平行，另一只手臂自然垂于体侧。

2 保持肘关节位置不变，肩关节外旋，前臂向上抬起，直至与地面垂直。

↺ 保持肘关节位置不变，肩关节内旋，前臂沿步骤2向上运动轨迹，反向恢复至起始姿势；按训练计划，重复规定次数；换边进行同样动作。

瑞士球 - 拉力器 - 坐姿 - 侧向推举

训练部位 **核心、上肢**

主要肌肉 **核心肌群、三角肌、斜方肌、冈下肌、小圆肌**

训练板块 **力量练习、平衡稳定练习、核心练习**

训练目标 **稳定、力量**

注意事项 **在运动过程中保持核心收紧**

动作要点

1 将拉力器或者弹力带置于身体侧面，坐于瑞士球上，双脚支撑于地面上，挺胸直背，保持身体稳定，双手握住拉力器把手或者弹力带一端并置于腰间。

2 向拉力器或弹力带的对侧微转体，同时向其对角线方向提举绳索，直至双臂伸直，握住把手或者弹力带的双手置于头顶斜上方。

↻ 恢复至起始姿势，按训练计划，重复规定次数。换边进行同样动作。

瑞士球 - 拉力器 - 坐姿 - 半程旋转后拉

训练部位　**核心**

主要肌肉　**核心肌群**

训练板块　**力量练习、平衡稳定练习、核心练习**

训练目标　**稳定、力量**

注意事项　**在运动过程中保持核心收紧**

动作要点

1 将拉力器或者弹力带置于身体侧面，坐于瑞士球上，双脚支撑于地面上，挺胸直背，保持身体稳定，双手握住拉力器把手或者弹力带一端并置于腰间。

2 向拉力器或弹力带的对侧进行转体，拉动绳索，保持双手握住绳索的高度始终在腹部高度。

↻ 恢复至起始姿势，按训练计划，重复规定次数。换边进行同样动作。

瑞士球篇

迷你带篇

3.3 俯卧姿训练

瑞士球 - 上斜 - 手撑 - 交替向前提膝

训练部位	**核心、下肢**
主要肌肉	**核心肌群、股四头肌、小腿三头肌**
训练板块	**力量练习、平衡稳定练习、核心练习**
训练目标	**稳定、力量**
注意事项	**在运动过程中核心收紧，背部平直**

①

②

↻

动作要点

1 双手撑于瑞士球上并置于肩部下方，双脚分立，与肩同宽，前脚掌着地，向后蹬地，保持身体稳定，背部平直，保持躯干和下肢呈一条直线。

2 单侧腿屈膝、屈髋，向上提膝，并尽量贴近胸部，保持身体稳定。

↻ 恢复至起始姿势，换边进行同样动作。按训练计划，重复规定次数。

3.3.2　肘撑

瑞士球 - 上斜 - 俯桥静力

训练部位　**核心**

主要肌肉　**核心肌群**

训练板块　**力量练习、平衡稳定练习、核心练习**

训练目标　**稳定、力量**

注意事项　**在运动过程中要保持背部平直，腹部收紧，躯干稳定不动**

> **动作要点**
>
> 首先，双膝跪于地面上，双臂屈肘撑于瑞士球上，肘部位于肩部正下方；然后伸直双腿，前脚掌撑地，背部平直，保持上身与下身呈一条直线，此时，肘关节呈 90 度角；规定时间内保持身体稳定，姿势不变。

瑞士球 - 上斜 - 俯桥 - 抬腿静力

训练部位　**核心、下肢**

主要肌肉　**核心肌群、臀大肌**

训练板块　**力量练习、平衡稳定练习、核心练习**

训练目标　**稳定、力量**

注意事项　**在运动过程中要保持背部平直，腹部收紧，躯干稳定不动**

动作要点

首先，双膝跪于地面上，双臂屈肘撑于瑞士球上，肘部位于肩部正下方；然后伸直双腿，前脚掌撑地，背部平直，保持上身与下身呈一条直线；上身不动，保持稳定，向上抬起一侧腿，直至臀部高度，此时，双腿都保持伸直状态；规定时间内保持身体稳定，姿势不变；恢复至起始姿势，换边进行同样动作。

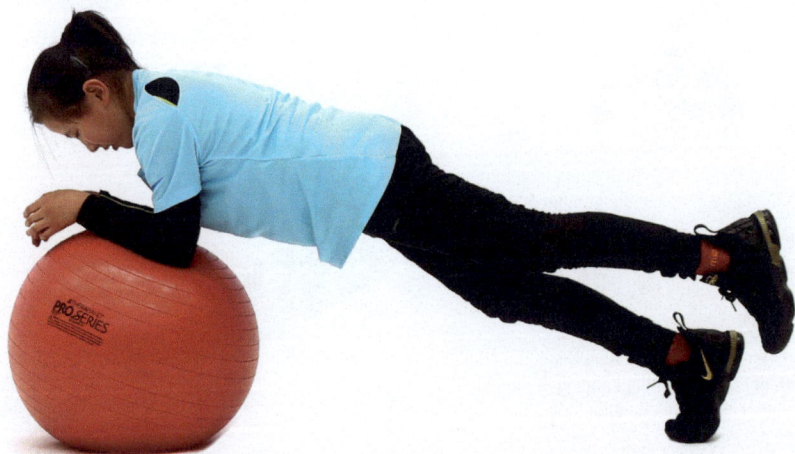

瑞士球 - 上斜 - 俯桥 - 交替抬腿

训练部位 **核心、下肢**

主要肌肉 **核心肌群、臀大肌**

训练板块 **力量练习、平衡稳定练习、核心练习**

训练目标 **稳定、力量**

注意事项 **在运动过程中要保持背部平直，腹部收紧，躯干稳定不动，并尽量保持直腿**

动作要点

1 双臂屈肘撑于瑞士球上，肘部位于肩部正下方，肘关节呈 90 度角；双腿伸直，前脚掌撑地，背部平直；上身不动，保持稳定，向上抬起一侧腿，直至臀部高度，保持 2~3 秒。

2 放下抬起的一侧腿，恢复至起始姿势，立刻换边进行同样动作。

↻ 连续重复以上步骤，按训练计划，重复规定次数。

瑞士球篇

1

2
↻

迷你带篇

瑞士球 - 上斜 - 肘撑 - 交替向前提膝

训练部位 **核心、下肢**

主要肌肉 **核心肌群、髂腰肌、股四头肌**

训练板块 **力量练习、平衡稳定练习、核心练习**

训练目标 **稳定、力量**

注意事项 **在运动过程中要保持背部平直，腹部收紧，躯干稳定不动**

动作要点

1 屈肘，双臂撑于瑞士球上，肘部位于肩部正下方；双腿伸直，与肩同宽，前脚掌撑地，背部平直，保持躯干与下肢呈一条直线。

2 单侧腿屈髋屈膝上提，尽量靠近同侧肘关节，抬起的一侧腿落下，恢复至起始姿势，立刻再次抬起同一侧腿，屈髋屈膝，尽量贴近对侧肘关节，再次恢复至起始姿势。

↻ 按训练计划，重复规定次数；换边进行同样动作。

3.3.3   脚撑

瑞士球 - 下斜 - 平板支撑 - 脚尖撑静力

训练部位 **核心**

主要肌肉 **核心肌群**

训练板块 **力量练习、平衡稳定练习、核心练习**

训练目标 **稳定、力量**

注意事项 **在运动过程中要保持背部平直，腹部收紧，躯干稳定不动**

> **动作要点**
>
> 双手直臂撑地，手掌置于肩部正下方，呈俯卧撑姿势，双脚脚尖撑于瑞士球正上方表面，保持身体稳定，呈一条直线；规定时间内保持姿势不变。

瑞士球篇

迷你带篇

瑞士球 - 下斜 - 俯桥静力

训练部位　**核心**

主要肌肉　**核心肌群**

训练板块　**力量练习、平衡稳定练习、核心练习**

训练目标　**稳定、力量**

注意事项　**在运动过程中保持背部平直、腹部收紧、躯干稳定不动**

动作要点

双肘屈曲撑地，肘部置于肩部正下方，呈俯桥姿势，双脚脚背置于瑞士球正上方表面，保持身体稳定，呈一条直线；规定时间内保持姿势不变。

瑞士球 - 下斜 - 平板支撑静力

训练部位　**核心**

主要肌肉　**核心肌群**

训练板块　**力量练习、平衡稳定练习、核心练习**

训练目标　**稳定、力量**

注意事项　**运动过程中要保持背部平直，腹部收紧，躯干稳定不动**

动作要点

双手直臂撑地，手掌置于肩部正下方，呈俯卧撑姿势，双脚脚面置于瑞士球正上方表面，保持身体稳定，呈一条直线；规定时间内保持姿势不变。

瑞士球篇

迷你带篇

瑞士球 - 下斜 - 平板支撑 - 小腿撑静力

训练部位 **核心**

主要肌肉 **核心肌群**

训练板块 **力量练习、平衡稳定练习、核心练习**

训练目标 **稳定、力量**

注意事项 **运动过程中要保持背部平直，腹部收紧，躯干稳定不动**

动作要点

双手直臂撑地，手掌置于肩部正下方，呈俯卧撑姿势，双腿小腿前侧置于瑞士球正上方表面，保持身体稳定，呈一条直线；规定时间内保持姿势不变。

瑞士球 - 下斜 - 俯撑屈膝

训练部位 **核心**

主要肌肉 **核心肌群、髂腰肌**

训练板块 **力量练习、平衡稳定练习、核心练习**

训练目标 **稳定、力量**

注意事项 **运动过程中保持双肘伸直，背部平直和腹部收紧**

动作要点

1 双手直臂撑地，手掌置于肩部正下方，呈俯卧撑姿势，双腿小腿前侧置于瑞士球正上方表面，保持身体稳定，呈一条直线。

2 屈髋、屈膝，尽量靠向胸部，带动瑞士球向身体正前方滚动，直至双脚脚尖移动至瑞士球顶部。

↻ 双腿向后伸展，恢复至起始姿势；按训练计划，重复规定次数。

1

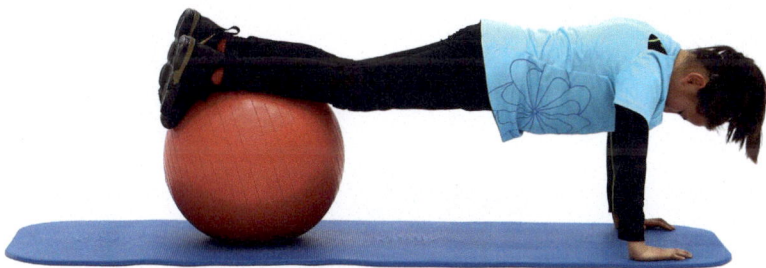

2

↻

3.3.4　躯干支撑

瑞士球 - 俯卧 - 背部伸展静力

训练部位	**核心、背部**
主要肌肉	**核心肌群、肩袖肌群、菱形肌**
训练板块	**力量练习、平衡稳定练习、核心练习**
训练目标	**稳定、力量**
注意事项	**在运动过程中核心收紧，挺胸，不要耸肩**

动作要点

俯卧于瑞士球上，双臂伸直置于身体两侧，向髋部外侧抬起，与躯干形成 30 度夹角，双侧肩胛骨收紧，腹部贴球支撑，胸部不要贴住球面，背部平直，腹部收紧，双腿伸直，双脚前脚掌撑地；规定时间内保持姿势不变。

瑞士球 - 哑铃 - 上斜 - 直臂交替上举侧举

训练部位 **核心、背部**

主要肌肉 **核心肌群、肩袖肌群、菱形肌**

训练板块 **力量练习、平衡稳定练习、核心练习**

训练目标 **稳定、力量**

注意事项 **在运动过程中保持背部平直，核心收紧，挺胸，不要耸肩**

动作要点

1 俯卧于瑞士球上，腹部贴球，胸部抬起，双臂伸直，双手各持一哑铃置于地面上，双腿伸直，双脚前脚掌撑地，保持背部平直，身体呈一条直线。

2 两侧肩胛骨收紧，双臂伸直，前举至头顶。

3 手臂下落恢复至起始姿势，侧平举直至与肩同高。

↻ 再次恢复至起始姿势；按训练计划，重复规定次数。

瑞士球篇

躯体背篇

1

2

3

↻

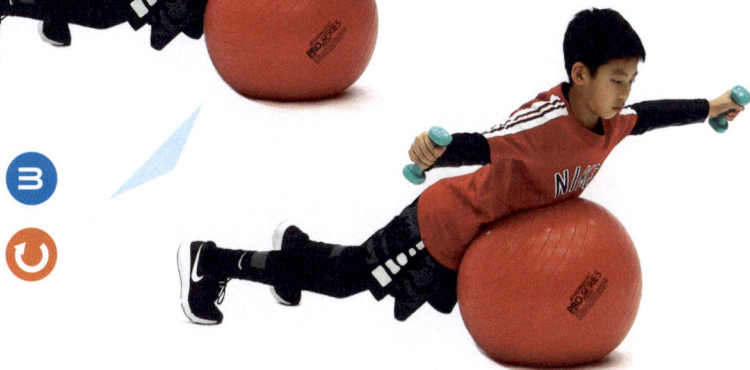

瑞士球 - 上斜 -I 字

训练部位　**核心、背部**

主要肌肉　**核心肌群、肩袖肌群**

训练板块　**力量练习、平衡稳定练习、核心练习**

训练目标　**稳定、力量**

注意事项　**在运动过程中核心收紧，挺胸，不要耸肩**

动作要点

1 俯卧于瑞士球上，双臂伸直于两侧自然下垂，置于瑞士球前方，腹部撑球，胸部不要贴住球面，核心收紧，双腿伸直，双脚前脚掌撑地。

2 双侧肩胛骨收紧，拇指向上，双臂伸直，向前抬起，与肩同宽，身体整体呈字母"I"形。

↻ 双臂放下，恢复至起始姿势；按训练计划，重复规定次数。

瑞士球篇

瑞士球 - 上斜 -Y 字

训练部位　**核心、背部**

主要肌肉　**核心肌群、肩袖肌群**

训练板块　**力量练习、平衡稳定练习、核心练习**

训练目标　**稳定、力量**

注意事项　**在运动过程中核心收紧，挺胸，不要耸肩**

动作要点

1 俯卧于瑞士球上，双臂伸直于两侧自然下垂，置于瑞士球前方，腹部撑球，胸部不要贴住球面，核心收紧，双腿伸直，双脚前脚掌撑地。

2 双侧肩胛骨收紧，拇指向上，双臂伸直，向斜前方抬起，与躯干组合呈字母"Y"形。

↻ 双臂放下，恢复至起始姿势；按训练计划，重复规定次数。

瑞士球 - 上斜 -T 字

训练部位　**核心、背部**

主要肌肉　**核心肌群、肩袖肌群、菱形肌**

训练板块　**力量练习、平衡稳定练习、核心练习**

训练目标　**稳定、力量**

注意事项　**运动过程中核心收紧，挺胸，手臂与肩同平，不要耸肩**

动作要点

1 俯卧于瑞士球上，双臂伸直于两侧，自然下垂，置于瑞士球前方，腹部撑球，胸部不要贴住球面，核心收紧，双腿伸直，双脚前脚掌撑地。

2 双侧肩胛骨收紧，拇指向上，双臂伸直，向两侧抬起，与躯干组合呈字母"T"形。

↻ 双臂放下，恢复至起始姿势。按训练计划，重复规定次数。

1

瑞士球 - 上斜 -W 字

训练部位 **核心、背部**

主要肌肉 **核心肌群、肩袖肌群、菱形肌**

训练板块 **力量练习、平衡稳定练习、核心练习**

训练目标 **稳定、力量**

注意事项 **在运动过程中核心收紧，挺胸，不要耸肩**

1

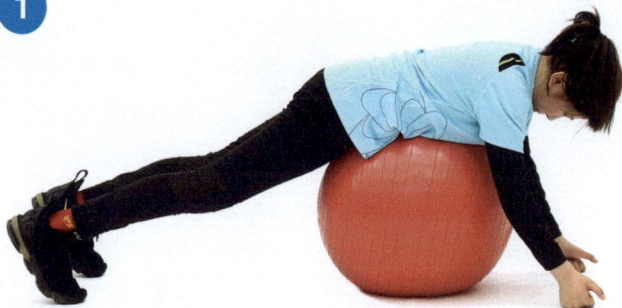

②

↻

迷你带篇

瑞士球 - 上斜 -L 字

训练部位 **核心、背部**

主要肌肉 **核心肌群、肩袖肌群、菱形肌**

训练板块 **力量练习、平衡稳定练习、核心练习**

训练目标 **稳定、力量**

注意事项 **在运动过程中核心收紧，挺胸，不要耸肩**

动作要点

1 俯卧于瑞士球上，双臂伸直于两侧，自然下垂，置于瑞士球前方，腹部撑球，胸部不要贴住球面，核心收紧，双腿伸直，双脚前脚掌撑地。

2 双侧肩胛骨收紧，屈肘，形成 90 度夹角，上臂向上抬起至躯干高度。

3 前臂向上抬起，直至与躯干处于同一平面。

↻ 双臂放下，恢复至起始姿势；按训练计划，重复规定次数。

1

瑞士球 - 上斜 - 交替转肩

训练部位 **核心**

主要肌肉 **核心肌群**

训练板块 **力量练习、平衡稳定练习、核心练习、灵活性练习**

训练目标 **稳定、灵活性、力量**

注意事项 **在运动过程中核心收紧**

动作要点

1 俯卧于瑞士球上，双臂屈肘，双手置于脑后，呈轻轻抱头姿态，腹部撑球，胸部离开球面，核心收紧，双腿伸直，双脚前脚掌撑地。

2 挺胸直背，向一侧转动躯干至最大幅度。

↻ 恢复至起始姿势，换边进行同一动作。按训练计划，重复规定次数。

瑞士球 - 俯撑 - 交替伸髋

训练部位　**核心**

主要肌肉　**核心肌群、臀大肌**

训练板块　**力量练习、平衡稳定练习、核心练习**

训练目标　**稳定、力量**

注意事项　**在运动过程中保持躯干平直，双腿伸直且双脚勾脚**

动作要点

1 俯卧于瑞士球上，大腿贴球，双臂直臂撑地，双手置于肩部正下方，呈俯卧撑姿势，双腿伸直，双脚离地。

2 向上抬起一侧腿，直腿上抬，保持躯干平直。

↻ 上抬腿下落，恢复至起始姿势，换边进行同一动作。按训练计划，重复规定次数。

瑞士球篇

迷你弹力带篇

瑞士球 - 俯撑 - 对侧手脚交替抬起

训练部位　**核心**

主要肌肉　**核心肌群、臀大肌**

训练板块　**力量练习、平衡稳定练习、核心练习**

训练目标　**稳定、力量**

注意事项　**在运动过程中保持背部平直，手臂和腿部伸直**

动作要点

1 俯卧于瑞士球上，腹部贴球，双臂直臂撑地，双手置于肩部正下方，双腿伸直，双脚前脚掌撑地，呈俯卧撑姿势。

2 同时抬起一侧手臂和对侧腿，直至与地面平行，手臂和腿都保持伸直，手臂贴近耳侧，背部保持平直，腹部收紧。

↻ 手臂和腿下落，恢复至起始姿势，换边进行同一动作。按训练计划，重复规定次数。

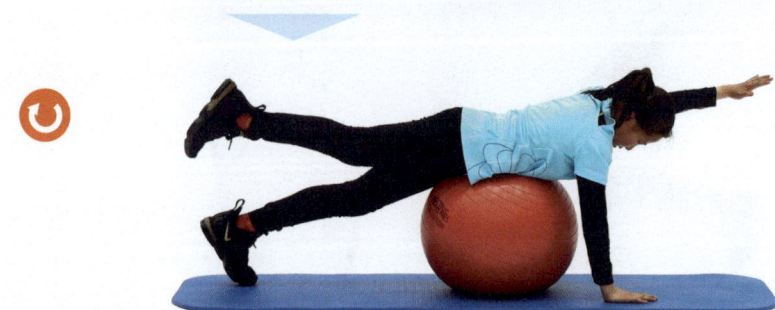

1

2

↻

瑞士球 - 俯撑 - 单腿 - 抬腿静力

训练部位　**核心、下肢**

主要肌肉　**核心肌群、臀大肌**

训练板块　**力量练习、平衡稳定练习、核心练习**

训练目标　**稳定、力量**

注意事项　**在运动过程中保持背部平直，核心收紧**

动作要点

1 俯卧于瑞士球上，腹部贴球，屈膝，双手双膝撑地，双肘伸直，双脚脚跟并拢，腹部和臀部收紧，保持背部平直，和头部呈一条直线。

2 抬起一侧腿直至与地面平行，保持臀肌收紧，核心收紧。

↻ 规定时间内保持姿势不变。

瑞士球篇

1

2 ↻

迷你带篇

瑞士球 - 俯撑 - 抬腿

训练部位　**核心、下肢**

主要肌肉　**核心肌群、臀大肌、竖脊肌**

训练板块　**力量练习、平衡稳定练习、核心练习**

训练目标　**稳定、力量**

注意事项　**在运动过程中保持背部平直，双腿一直保持伸直与并拢**

动作要点

1 俯卧于瑞士球上，髋部贴球，双手撑地，双腿并拢、伸直，抬离地面，腹部和臀部收紧，保持背部平直。

2 双腿保持伸直并向上抬起至最高高度，臀部收紧，屈肘。

↻ 双腿下落，恢复至起始姿势。按训练计划，重复规定次数。

3.4 仰卧姿训练

3.4.1 **身体控制球**

瑞士球 - 仰卧 - 夹球举腿

训练部位 **核心、下肢**

主要肌肉 **核心肌群、大腿内侧肌群**

训练板块 **力量练习、核心练习**

训练目标 **稳定、力量**

注意事项 **在运动过程中背部贴紧地面，核心收紧**

瑞士球篇

动作要点

1 仰卧于训练垫上，背部紧贴地面，双臂自然平放置于身体两侧，核心收紧，双腿伸直，双脚分开，内侧夹住置于地面之上的瑞士球两侧。

2 屈髋屈膝，将瑞士球夹起至髋部上方，保持核心收紧，背部贴紧地面。

↻ 双腿下落，将球放至地面，恢复至起始姿势；按训练计划，重复规定次数。

1

2
↻

迷你球篇

瑞士球 - 仰卧 - 夹球仰卧两头起

训练部位　**核心、下肢**

主要肌肉　**核心肌群、大腿内侧肌群**

训练板块　**力量练习、核心练习**

训练目标　**稳定、力量**

注意事项　**在运动过程中保持背部贴紧地面**

动作要点

① 仰卧于训练垫上，背部紧贴地面，双臂向上伸直置于耳侧，双脚分开，内侧夹住置于地面之上的瑞士球两侧。

② 上身抬起，同时双腿伸直，双脚夹球抬起，手脚靠拢，双脚传球至双手。

③ 四肢回落至地面，双臂伸直置于头侧，双手抱球，双腿伸直。

↻ 再次同时抬起上身和双腿，将球从双手传递至双脚之间；恢复至起始姿势。按训练计划，重复规定次数。

瑞士球 - 仰卧 - 夹球卷腹背部拉伸

训练部位　**核心、下肢**

主要肌肉　**核心肌群、大腿内侧肌群**

训练板块　**力量练习、核心练习、拉伸练习**

训练目标　**稳定、力量**

注意事项　**在运动过程中保持核心收紧**

动作要点

1 仰卧于训练垫上，背部紧贴地面，双臂自然平放，置于身体两侧，核心收紧，双腿伸直，双脚分开，内侧夹住置于地面之上的瑞士球两侧。

2 保持核心收紧，双腿夹球上举，直至将球置于头顶正上方地面之上，

3 髋部和背部抬离地面。

⟳ 双腿回落至起始姿势。按训练计划，重复规定次数。

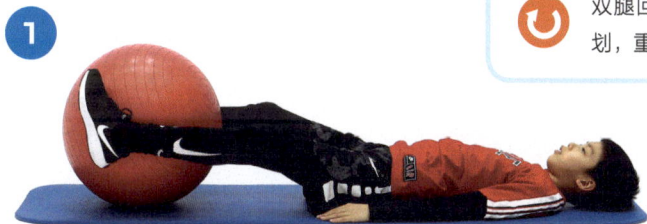

瑞士球 - 仰卧 - 球放膝盖仰卧起坐 - 鼻碰球

训练部位　**核心、下肢**

主要肌肉　**核心肌群、大腿内侧肌群**

训练板块　**力量练习、核心练习**

训练目标　**稳定、力量**

注意事项　**在运动过程中腰部贴紧地面**

动作要点

1 仰卧于训练垫上，屈膝，双脚分开，撑于地面，双臂伸直将瑞士球固定于膝上。

2 仰卧起坐，直至鼻尖碰触到瑞士球。

↻ 身体回落至仰卧起始姿势。按训练计划，重复规定次数。

1

2
↻

3.4.2 身体在球上

瑞士球 - 仰卧 - 动态臀桥

训练部位　**核心、下肢**

主要肌肉　**核心肌群、臀大肌、腘绳肌**

训练板块　**力量练习、平衡稳定练习、核心练习**

训练目标　**稳定、力量**

注意事项　**在运动末端，保持背部平直，核心收紧**

动作要点

1 仰卧于瑞士球上，背部贴球，双臂叠抱贴于身前，头部与背部保持平直，屈髋屈膝，双脚分开，撑于地面，躯干和地面呈约45度的夹角。

2 伸展髋关节，抬起臀部，使躯干与大腿呈一条直线，并与地面保持平行。

↻ 恢复至起始姿势。按训练计划，重复规定次数。

瑞士球篇

1

2

↻

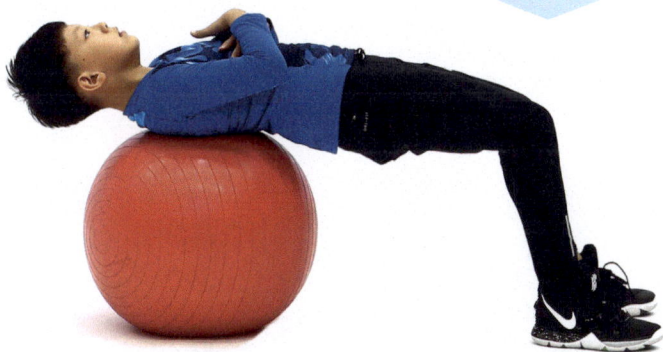

迷你带篇

瑞士球 - 仰卧 - 抛球

训练部位　**核心、胸部**

主要肌肉　**核心肌群、胸大肌**

训练板块　**力量练习、平衡稳定练习、核心练习**

训练目标　**稳定、力量**

辅助器材　**药球**

注意事项　**在运动过程中核心收紧，保持躯干、大腿与地面平行**

动作要点

1 仰卧于瑞士球上，肩胛骨收紧，背部贴球，双臂屈肘持药球贴近胸部上方，髋部伸直，臀部收紧。

2 收紧腹部，将药球从胸前向搭档抛出。

↻ 搭档将球抛回，练习者接球，并恢复至起始姿势。按训练计划，重复规定次数。

1

2
↻

瑞士球 - 拉力器 - 仰卧 - 直臂下拉

训练部位 **核心、胸部**

主要肌肉 **核心肌群、胸大肌**

训练板块 **力量练习、平衡稳定练习、核心练习**

训练目标 **稳定、力量**

注意事项 **在运动过程中保持躯干、大腿与地面平行，核心收紧**

动作要点

1 仰卧于瑞士球上，背部贴球，双臂伸直，双手于胸部正上方握住拉力器把手或弹力带一端，挺髋，屈膝，双脚撑于地面。

2 保持手臂伸直，手肘角度不变，双臂向下、向前拉动弹力带，至最大限度。

↻ 恢复至起始姿势。按训练计划，重复规定次数。

1

2

↻

瑞士球篇

迷你弹力

瑞士球 - 仰卧 - 脊柱伸展

训练部位　**核心**

主要肌肉　**核心肌群**

训练板块　**拉伸练习、稳定练习**

训练目标　**柔韧、稳定**

注意事项　**在运动过程中不要闭气**

动作要点

仰卧于瑞士球上，背部和臀部贴球，双臂置于头顶上方，自然下垂至地面，双腿屈膝，双脚撑于地面，保持呼吸顺畅。规定时间内保持身体姿势不变。

3.4.3 脚在球上

瑞士球 - 仰卧 - 臀桥静力

训练部位 **核心、下肢**

主要肌肉 **核心肌群、臀大肌、股四头肌、腘绳肌**

训练板块 **力量练习、平衡稳定练习、核心练习**

训练目标 **稳定、力量**

注意事项 **保持腹部、臀部收紧，身体呈一条直线**

动作要点

1 仰卧于训练垫上，双臂伸直，置于身体两侧，双腿小腿后侧置于瑞士球上方表面，双腿微屈。

2 双臂位置不动，腹部、臀部收紧，伸直双腿，抬起髋部，直至肩部、躯干、双腿呈一条直线。

↻ 在规定时间内保持姿势不变。

瑞士球篇

迷你带篇

1

2
↻

瑞士球 - 仰卧 - 直腿挺髋

训练部位　**核心、下肢**

主要肌肉　**核心肌群、臀大肌、腘绳肌**

训练板块　**力量练习、平衡稳定练习、核心练习**

训练目标　**稳定、力量**

注意事项　**在运动过程中腹部、臀部收紧，保持身体呈一条直线**

动作要点

1 仰卧于训练垫上，双臂伸直，置于身体两侧，双腿小腿置于瑞士球上方表面，双脚勾起。

2 双臂位置不动，双腿保持伸直，抬起髋部，腹部收紧，臀部收紧，直至肩部、躯干、双腿呈一条直线，在此最高点处保持 3~5 秒。

↻ 髋部下落至起始姿势；按训练计划，重复规定次数。

瑞士球 - 仰卧 - 勾腿

训练部位	**核心、下肢**
主要肌肉	**核心肌群、臀大肌、腘绳肌**
训练板块	**力量练习、平衡稳定练习、核心练习**
训练目标	**稳定、力量**
注意事项	**在运动过程中核心收紧，背部平直**

动作要点

1 仰卧于训练垫上，双臂伸直，置于身体两侧，双腿小腿和足跟置于瑞士球上方表面；

2 抬起髋部，核心、臀部收紧，直至肩部、躯干、双腿呈一条直线。

3 双腿屈膝至 90 度，将瑞士球拉向臀部。

↻ 恢复至起始姿势；按训练计划，重复规定次数。

瑞士球 - 仰卧 - 抬腿交替转髋

训练部位 **核心**

主要肌肉 **核心肌群、腘绳肌**

训练板块 **力量练习、核心练习、灵活性练习**

训练目标 **稳定、灵活性、力量**

注意事项 **在运动开始时背部要紧贴地面，核心收紧**

动作要点

1 仰卧于训练垫上，背部贴近地面，双臂侧平举，双腿夹住瑞士球，瑞士球置于足跟与腘绳肌之间位置。

2 上背部保持不动，贴紧地面，双臂保持不动，下肢夹球向一侧转髋至最大幅度。

↻ 转回至起始姿势，换边进行同一动作。按训练计划，重复规定次数。

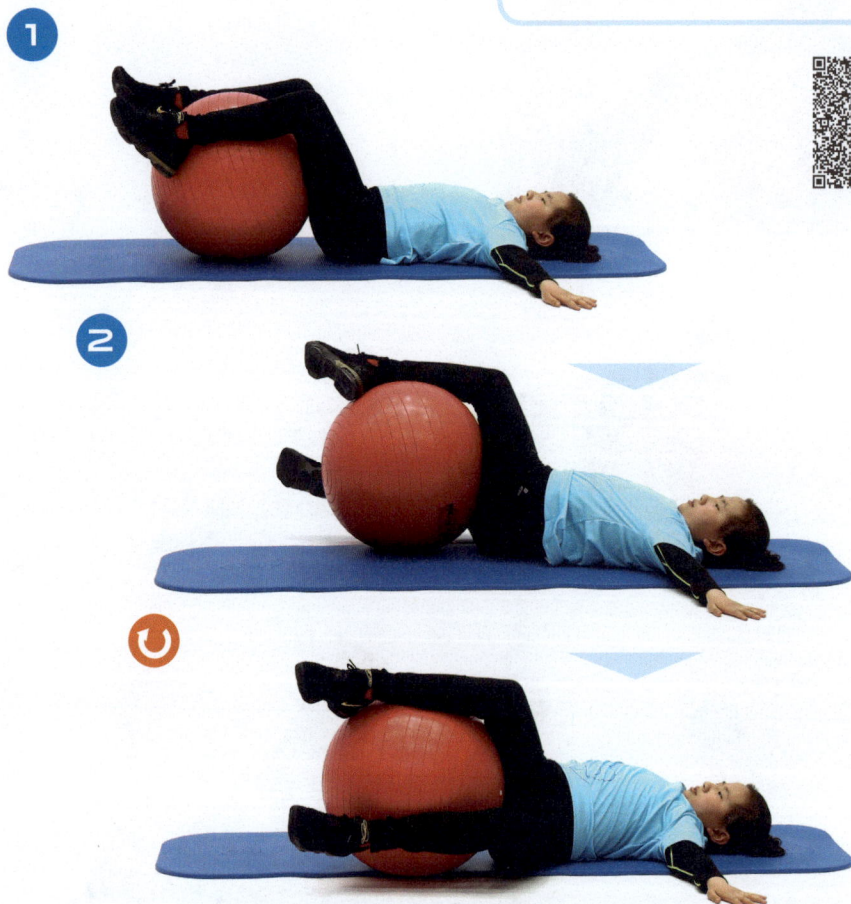

瑞士球 - 仰卧 - 抬腿卷腹静力

训练部位 **核心**

主要肌肉 **核心肌群**

训练板块 **力量练习、平衡稳定练习、核心练习**

训练目标 **稳定、力量**

注意事项 **在运动过程中背部贴紧地面，核心收紧**

动作要点

1 仰卧于训练垫上，背部紧贴地面，双臂自然平放，置于身体两侧，双腿小腿置于瑞士球上，瑞士球置于足跟与腘绳肌之间位置。

2 抬起头部和上身至肩胛骨离开地面，双臂保持伸直抬离地面并与地面平行，核心收紧，腿部不动。

↻ 在规定时间内保持姿势不变。

瑞士球篇

1

2
↻

迷你带篇

瑞士球 - 仰卧 - 抬腿屈肘卷腹

训练部位　**核心**

主要肌肉　**核心肌群**

训练板块　**力量练习、平衡稳定练习、核心练习**

训练目标　**稳定、力量**

注意事项　**在运动过程中背部贴紧地面，核心收紧**

动作要点

1 仰卧于训练垫上，背部紧贴地面，双臂屈肘，双手置于耳侧，瑞士球置于足跟与腘绳肌之间位置。

2 抬起头部和上身至肩胛骨离开地面，双手保持在耳侧位置，屈肘，核心收紧，腿部不动。

↻ 恢复至起始姿势。按训练计划，重复规定次数。

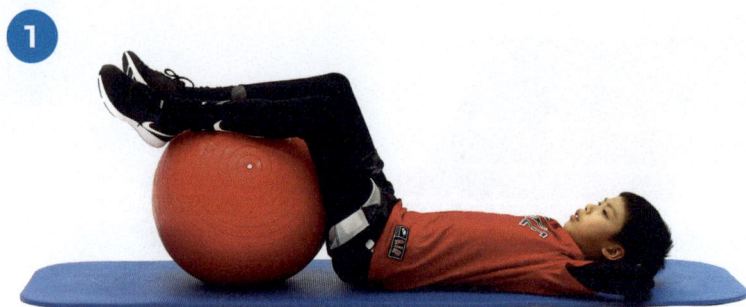

3.5 俯跪姿训练

瑞士球 - 跪姿 - 前推

训练部位 **核心**

主要肌肉 **核心肌群**

训练板块 **力量练习、平衡稳定练习、核心练习**

训练目标 **稳定、力量**

注意事项 **在运动过程中背部平直，核心收紧**

动作要点

1 双膝跪地,双手置于前方瑞士球上,手部位置与髋部同高。

2 双手向前推瑞士球,使其慢慢滚动,同时身体向前伸展,双臂逐渐伸直,背部保持平直,膝关节位置不变。

↻ 将身体伸展至最大幅度后,将瑞士球拉回至起始位置,核心收紧。按训练计划,重复规定次数。

瑞士球篇

迷你带篇

1

2
↻

瑞士球 - 哑铃 - 肘撑 - 肱二头肌弯举

训练部位　**核心、上肢**

主要肌肉　**核心肌群、肱二头肌**

训练板块　**力量练习、平衡稳定练习、核心练习**

训练目标　**稳定、力量**

注意事项　**在运动过程中核心收紧**

动作要点

1. 双膝跪地，腹部贴球，俯卧于瑞士球上，手肘微屈，上臂撑球，双手各反握一只哑铃，置于瑞士球前方地面之上。

2. 屈肘举起哑铃，尽可能靠近肩部，上臂不动，身体其他部位保持不动。

↻ 将哑铃放回至地面，恢复至起始姿势。按训练计划，重复规定次数。

瑞士球 - 跪姿 - 背阔肌拉伸

训练部位 **核心**

主要肌肉 **核心肌群**

训练板块 **拉伸练习、平衡稳定练习、核心练习**

训练目标 **柔韧、稳定**

注意事项 **在运动过程中不要闭气，保持呼吸顺畅**

动作要点

1 双膝跪地，一侧手臂伸直，置于身体前侧的瑞士球上表面，对侧手臂撑地。

2 髋部向后，坐于脚后跟上，直至感受到背部肌肉的牵拉感。

↺ 规定时间内保持姿势不变；换边进行同一动作。

瑞士球篇

1

2

↺

迷你带篇

迷你带篇

3.6 上肢和肩关节激活　3.6.1 站姿

迷你带 - 站姿 - 肩关节画圈

训练部位　**肩部、核心**

主要肌肉　**三角肌、肩袖肌群、核心肌群**

训练板块　**动作准备、激活练习**

训练目标　**激活、放松**

动作要点

1 基本站姿，迷你带套于双侧腕关节处，双脚开立，双臂伸直上举至头顶。

2 单侧手臂保持伸直，固定位置不变，另一侧手臂顺时针画圈，保持迷你带的张力，尽可能拉伸其至无法继续拉长。

↻ 恢复至起始姿势。按训练计划重复规定次数。换边进行同一动作。

冰上跃篇

迷你带篇

迷你带 - 站姿 - 肩关节三方向

训练部位 肩部、核心

主要肌肉 三角肌、肩袖肌群、核心肌群

训练板块 动作准备、激活练习

训练目标 激活、放松

动作要点

① 基本站姿，迷你带套于双侧腕关节处，双脚开立，双臂伸直前平举，掌心向前。

② 单侧手臂保持伸直，固定位置不变，另一侧手臂依次向同侧上斜45度、水平180度、下斜45度3个方向进行抗阻移动，每次移动后都先恢复至起始姿势，再进行下一次移动。

↻ 做完3个方向的移动后，恢复至起始姿势。按训练计划重复规定次数；换边进行同一动作。

3.6.2　四点支撑

迷你带 - 四点支撑 - 肩关节三方向

训练部位　**肩部、核心、上肢**

主要肌肉　**三角肌、肩袖肌群、核心肌群、上臂肌群**

训练板块　**动作准备、激活练习**

训练目标　**激活、放松**

动作要点

1 双膝跪地，双臂伸直撑地，呈四点支撑姿势，将迷你带套于双侧腕关节处。

2 单侧手臂保持伸直撑地姿势不变，位置不变，另一侧手臂依次向同侧上斜45度、水平180度、下斜45度3个方向进行抗阻移动，每次移动后都先恢复至起始姿势，再进行下一次移动。

↻ 做完3个方向的移动后，恢复至起始姿势。按训练计划重复规定次数。换边进行同一动作。

1

2 **↻**

迷你带 - 四点支撑 - 肩关节画圈

训练部位 **肩部、核心、上肢**

主要肌肉 **三角肌、肩袖肌群、核心肌群、上臂肌群**

训练板块 **动作准备、激活练习**

训练目标 **激活、放松**

动作要点

1 双膝跪地，双臂伸直撑地，呈四点支撑姿势，将迷你带套于双侧腕关节处。

2 单侧手臂保持伸直撑地姿势不变，位置不变，另一侧手臂顺时针画圈，保持迷你带的张力，尽可能拉伸其至无法继续拉长。

↻ 恢复至起始姿势。按训练计划重复规定次数。换边进行同一动作。

迷你带篇

3.7 下肢、髋部和臀部激活

3.7.1　站姿

迷你带 - 基本深蹲

1

2

训练部位	髋部、臀部、核心、下肢
主要肌肉	核心肌群、臀肌、股四头肌、腘绳肌
训练板块	动作准备、激活练习
训练目标	激活、放松
注意事项	膝盖不要超过脚尖，脚尖始终向前；始终保持背部平直和双膝间的距离，膝关节不要因迷你带弹力而内扣

动作要点

1 双脚开立，与肩同宽，双臂自然下垂置于体侧，呈基本直立站姿，迷你带套于双侧膝关节上方，腹部收紧，背部保持平直。

2 双膝屈曲下蹲直至大腿与地面保持平行，与此同时，双臂向前抬起于体前呈前平举，双手微微握拳。

↻ 恢复至起始姿势。按训练计划重复规定次数。

迷你带 - 髋关节外旋 - 单侧

训练部位 **髋部、臀部、核心、下肢**

主要肌肉 **核心肌群、臀肌、股四头肌、腘绳肌**

训练板块 **动作准备、激活练习**

训练目标 **激活、放松**

动作要点

1 双脚开立，屈膝、屈髋，分腿半蹲运动姿，双手置于腰部两侧，背部平直，迷你带套于双侧膝关节上方，重心降低。

2 单侧下肢不动，保持膝关节位置不变，对侧膝关节向外打开，使髋关节外旋。

↻ 恢复至起始姿势。按训练计划重复规定次数，换边进行同一动作。

1

2
↻

迷你带篇

迷你带 - 运动姿双腿外旋

训练部位　**髋部、臀部、核心、下肢**

主要肌肉　**核心肌群、臀肌、股四头肌、腘绳肌**

训练板块　**动作准备、激活练习**

训练目标　**激活、放松**

动作要点

1 双脚开立，屈膝、屈髋，分腿半蹲运动姿，双手置于腰部两侧，背部平直，迷你带套于双侧膝关节上方，重心降低。

2 双侧膝关节同时向外打开，使髋关节外旋。

↻ 恢复至起始姿势，按训练计划重复规定次数。

3.7.2　行进

迷你带 - 基本姿 - 直线走

训练部位　**髋部、臀部、核心、下肢**

主要肌肉　**核心肌群、臀肌、股四头肌、腘绳肌**

训练板块　**动作准备、激活练习**

训练目标　**激活、放松**

注意事项　**在移动过程中，步伐要适度，要保持迷你带的有效张力**

动作要点

1 双脚开立，分腿半蹲运动姿，将迷你带套于双侧膝关节处。

2 小步向正前方前进。

↻ 行进规定的距离，按训练计划重复规定次数。

勇士球篇

迷你带篇

迷你带 - 基本姿 - 侧向走

训练部位　**髋部、臀部、核心、下肢**

主要肌肉　**核心肌群、臀肌、股四头肌、腘绳肌**

训练板块　**动作准备、激活练习**

训练目标　**激活、放松**

注意事项　**在移动过程中，步伐要适度，要保持迷你带的有效张力**

动作要点

1 双脚开立，分腿半蹲运动姿，将迷你带套于双侧膝关节处。

2 小步向体侧移动。

↻ 行进规定的距离，按训练计划重复规定次数。

① 1

迷你带 - 站姿 - 侧向交叉步

训练部位　**髋部、臀部、核心、下肢**

主要肌肉　**核心肌群、臀肌、股四头肌、腘绳肌**

训练板块　**动作准备、激活练习**

训练目标　**激活、放松**

注意事项　**在移动过程中，步伐要适度，要保持迷你带的有效张力**

动作要点

1 双脚开立，与肩同宽，呈基本直立站姿，将迷你带套于双侧踝关节处。

2 双侧下肢交替经体前、体后向身体一侧交叉步行走。

↻ 行进规定的距离，按训练计划重复规定次数。

①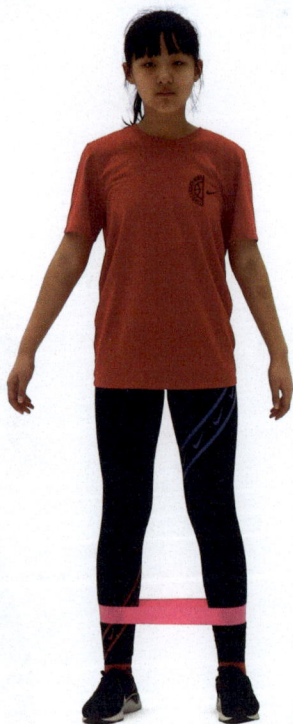

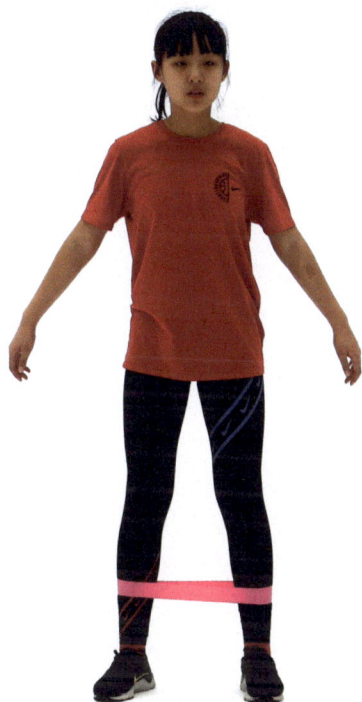

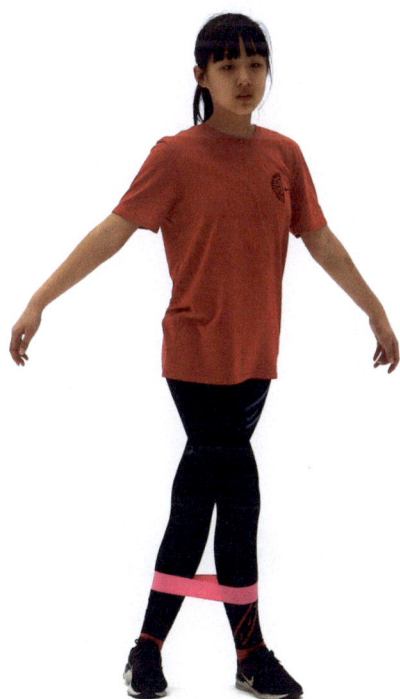

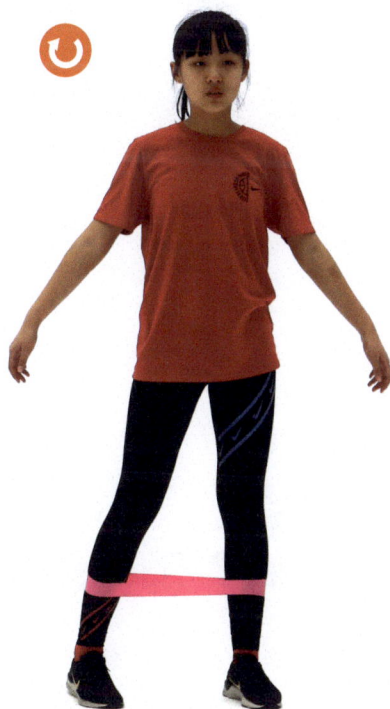

迷你带篇

3.7.3 仰卧姿

迷你带 - 双腿臀桥

训练部位	**髋部、臀部、核心、下肢**
主要肌肉	**核心肌群、臀肌、股四头肌、腘绳肌**
训练板块	**动作准备、激活练习**
训练目标	**激活、放松**
注意事项	**在顶髋过程中保持核心收紧，躯干与大腿呈一条直线，避免弓腰**

动作要点

1 仰卧于训练垫上，双臂自然放置于身体两侧，双腿屈膝，双脚支撑于地面并保持适当距离，将迷你带套于双侧膝关节下方。

2 顶髋，保持躯干与大腿呈一条直线。

↻ 规定时间内保持姿势不变。

1

2
↻

3.7.4 四点支撑姿

迷你带 - 四点支撑 - 髋关节画圈

训练部位 **髋部、臀部、核心、下肢**

主要肌肉 **核心肌群、臀肌、股四头肌、腘绳肌**

训练板块 **动作准备、激活练习**

训练目标 **激活、放松**

动作要点

1 双膝跪地，双臂伸直撑地，呈四点支撑姿势，将迷你带套于双侧膝关节上方。

2 单侧下肢保持跪地姿势不变，位置不变，另一侧下肢顺时针抗阻画圈，保持迷你带的张力，尽可能拉伸其至无法继续拉长。

↻ 恢复至起始姿势，按训练计划重复规定次数；换边进行同一动作。

1

2

↻

瑞士球篇

迷你带篇

迷你带 - 四点支撑 - 髋关节三方向

训练部位　**髋部、臀部、核心、下肢**

主要肌肉　**核心肌群、臀肌、股四头肌、腘绳肌**

训练板块　**动作准备、激活练习**

训练目标　**激活、放松**

动作要点

1 双膝跪地，双臂伸直撑地，呈四点支撑姿势，将迷你带套于双侧膝关节上方。

2 单侧下肢保持跪地姿势不变，位置不变，另一侧下肢依次向同侧正前方、水平 180 度和斜后方 45 度 3 个方向进行抗阻移动，每次移动后都先恢复至起始姿势，再进行下一次移动。

↻ 做完 3 个方向的移动后，恢复至起始姿势，按训练计划重复规定次数；换边进行同一动作。

3.7.5 　　侧卧姿

迷你带 - 侧卧 - 髋外展 - 单侧

训练部位　**髋部、臀部、核心、下肢**
主要肌肉　**核心肌群、臀肌**
训练板块　**动作准备、激活练习**
训练目标　**激活、放松**

动作要点

1 侧卧于训练垫上，双腿屈膝叠放，将迷你带套于双侧膝关节上方。

2 下侧腿固定位置不动，上侧腿在垂直方向上外展。

↻ 恢复至起始姿势，按训练计划重复规定次数；换边进行同一动作。

CHAPTER 04

第四章

训练计划

要想设计一个合理的训练计划，必须明确个人的训练需求，并遵循一定的原则。本章将介绍训练参数的含义和制定儿童训练计划的原则，并提供满足个性化需求的训练计划示例，以供参考。

4.1 儿童训练计划制定原则

在为儿童训练制定计划时，应遵循以下原则。

（1）在设计具体的训练计划之前，要为儿童明确具体的训练目标。首先，教练或老师要起主导作用，根据之前的测试、评价和信息，以及儿童身体发育敏感期的相关知识，制定适合儿童个体的个性化训练方案。其次，儿童也需要参与计划制定过程，通过为自己设定目标，让儿童对自己的身体负责。同时，儿童可以表达出自己的需求、爱好，并且在训练中积极进行信息反馈。利用不断的反馈和调整逐渐培养儿童独立思考的能力，使他们在此过程中得到更好的成长。同时，更高的参与度也会使他们在训练当中发挥出更好的积极性。此外，在设立儿童的训练目标时，要综合考虑到实际生理年龄、发育水平、训练动机、家长诉求、情绪状态、当前的身体素质和体育活动水平、个人活动兴趣、同伴影响等多种因素。

（2）对儿童进行全面的身体评估，包括基本健康状况（是否有损伤及损伤的原因）、当前身体状态及身体素质测试。身体素质测试一般包括心肺耐力、身体成分、肌肉力量和肌肉耐力、柔韧性等。测试结果的评估与分析将直接影响训练计划的制定与实施。

（3）计划要全面，包括各项身体素质（力量、耐力、柔韧性、稳定性、协调性、灵敏性等）。儿童处于快速生长时期，这个阶段采用丰富的训练手段来全面发展各项身体素质，不仅能给儿童带来训练乐趣，提高参与积极性，还能够为今后的发展打下扎实的体能基础。

（4）训练计划要均衡。身体上肢、下肢，前侧、后侧，以及躯干部位的训练都要涉及，避免不平衡训练带来的不良体态及运动损伤。

（5）采用适当的频率和强度。由于儿童的身体发育不成熟，频繁的训练及过大的训练强度可能会适得其反，影响儿童参加训练的积极性，同时会打击他们的自信心。建议儿童每周参加2～3次训练。

（6）计划要具有渐进性。渐进性意味着进步，应通过逐渐增加训练频率、强度和时间，来渐进式地提高儿童的身体素质。

（7）计划要有趣味性和互动性。针对儿童的生理和心理特点，必须重视在这个年龄阶段趣味和互动的重要性，不能一味地枯燥教学或者军事化管理。要通过各种方法手段、语言指引、器械设备等充分调动儿童的积极性，让他们感觉不是在训练，而是在"玩"！

4.2 训练节奏与间歇

训练动作固然重要，但训练时的动作节奏与间歇时间才是成功的关键。我们通常把动作节奏定义为某些数字，如果动作的离心阶段是2秒，等长阶段是2秒，向心阶段是1秒，则表示为2-2-1。例如进行杠铃深蹲练习时，身体从站姿向下蹲的过程为2秒，到达最低位置时保持2秒，从深蹲姿势到站立过程为1秒。当然，训练的目的不同，动作节奏也不同。

间歇时间是指两组练习之间或者两个动作之间的间隔时间，它决定着训练的强度。当儿童逐渐适应了训练计划以后，就可以缩短组间或动作之间的休息时间，从而提高训练强度。如果我们要采用更大的训练负荷，那么间歇时间需要相应增加，让机体有更充分的恢复时间，这样能够有效地避免过度训练以及可能带来的运动损伤。

4.3　儿童瑞士球练习训练方案

训练计划 1：核心激活训练方案

训练目的： 有效激活身体一侧动力链上的肌群，并提高神经 – 肌肉连接的兴奋性，为即将开始的动态练习做好准备。

页码	动作图片	动作名称	组数	重复次数 / 保持时间	练习节奏	间歇时间
31		瑞士球 – 上斜 – 俯桥静力	1 组	15 秒	静态保持	30 秒
38		瑞士球 – 下斜 – 平板支撑 – 小腿撑静力	1 组	15 秒	静态保持	30 秒
36		瑞士球 – 下斜 – 俯桥静力	1 组	15 秒	静态保持	30 秒
66		瑞士球 – 仰卧 – 直腿挺髋	1 组	5 次	2-3-2	20 秒
55		瑞士球 – 俯撑 – 单腿 – 抬腿静力	2 组（左右两侧各 1 组）	10 秒	静态保持	20 秒

训练计划 2：核心稳定性训练方案

训练目的：通过瑞士球增加训练的不稳定支撑，激活本体感觉，保持身体姿态及关节的稳定性，提高神经肌肉控制能力，预防运动损伤。

页码	动作图片	动作名称	组数	重复次数/保持时间	练习节奏	间歇时间
32		瑞士球－上斜－俯桥－抬腿静力	2组（左右两侧各1组）	10 秒	静态保持	20 秒
55		瑞士球－俯撑－单腿－抬腿静力	2组（左右两侧各1组）	10 秒	静态保持	20 秒
54		瑞士球－俯撑－对侧手脚交替抬起	1 组	8 次（每侧4次）	2-2-2	20 秒
53		瑞士球－俯撑－交替伸髋	1 组	8 次（每侧4次）	2-2-2	20 秒

训练计划 3：核心力量训练方案

训练目的：通过核心肌肉离心、向心收缩，增强核心肌群的力量，提高能量传递的效率，为发展核心功能打好基础。

页码	动作图片	动作名称	组数	重复次数 / 保持时间	练习节奏	间歇时间
39		瑞士球 – 下斜 – 俯撑屈膝	1 组	8 次	1 – 0 – 2	20 秒
57		瑞士球 – 仰卧 – 夹球举腿	1 组	8 次	1 – 0 – 2	20 秒
34		瑞士球 – 上斜 – 肘撑 – 交替向前提膝	1 组	10 次（每侧5次）	1 – 0 – 1	20 秒
70		瑞士球 – 仰卧 – 抬腿屈肘卷腹	1 组	10 次	1 – 0 – 2	30 秒
58		瑞士球 – 仰卧 – 夹球仰卧两头起	1 组	6 次	1 – 0 – 2	30 秒

训练计划 4：核心功能性训练方案

训练目的： 寻找核心发力的感觉，正确掌握核心肌肉发力顺序，实现远端肢体的功率有效输出，提高儿童身体运动的整体性。

页码	动作图片	动作名称	组数	重复次数/保持时间	练习节奏	间歇时间
62		瑞士球-仰卧-抛球	1组	8次	1-1-2	30秒
28		瑞士球-拉力器-坐姿-侧向推举	2组（左右两侧各1组）	5次	快速	30秒
29		瑞士球-拉力器-坐姿-半程旋转后拉	2组（左右两侧各1组）	5次	快速	30秒
21		瑞士球-站姿-单腿-平衡旋转	2组（左右两侧各1组）	5次	中速	20秒
25		瑞士球-坐姿-双人传球	1组	10次	快速	30秒

训练计划 5：完美身姿训练方案

训练目的： 加强肩部和背部小肌肉群的力量，通过拉伸强侧肌群、激活弱侧肌群来重建人体正确解剖学位置及其动作模式，让儿童保持正确标准的身体姿势。

页码	动作图片	动作名称	组数	重复次数 / 保持时间	练习节奏	间歇时间
42		瑞士球－上斜-I 字	1 组	6 次	1-2-1	20 秒
44		瑞士球－上斜-Y 字	1 组	6 次	1-2-1	20 秒
46		瑞士球－上斜-T 字	1 组	6 次	1-2-1	20 秒
48		瑞士球－上斜-W 字	1 组	6 次	1-2-1	20 秒
50		瑞士球－上斜-L 字	1 组	6 次	1-2-1	20 秒
27		瑞士球－拉力器-坐姿－单臂外旋	2 组（左右两侧各 1 组）	6 次	1-2-2	20 秒
52		瑞士球－上斜-交替转肩	1 组	10 次	1-2-2	20 秒

训练计划 6：男孩蜕变训练方案

训练目的： 在不稳定的训练环境下进行力量训练，在强化大肌肉群力量的同时刺激深层小肌肉群，使男孩更强壮、更稳定、更有力。

页码	动作图片	动作名称	组数	重复次数/保持时间	练习节奏	间歇时间
63		瑞士球－拉力器－仰卧－直臂下拉	2 组	8 次	1-2-2	60 秒
67		瑞士球－仰卧－勾腿	2 组	8 次	1-1-2	60 秒
69		瑞士球－仰卧－抬腿卷腹静力	2 组	30 秒	静态保持	60 秒
19		瑞士球－抱球下蹲至过顶举球	2 组	8 次	2-1-1	60 秒
30		瑞士球－上斜－手撑－交替向前提膝	1 组	12 次（每侧6 次）	1-2-1	60 秒

训练计划 7：女孩蜕变训练方案

训练目的： 在不稳定的训练环境下进行力量训练，配合拉伸练习，在强化力量的同时保持身体的柔韧性，使女孩更苗条，身体形态更优美。

页码	动作图片	动作名称	组数	重复次数/保持时间	练习节奏	间歇时间
61		瑞士球 - 仰卧 - 动态臀桥	2 组	8 次	1-2-2	60 秒
57		瑞士球 - 仰卧 - 夹球举腿	2 组	8 次	1-2-2	60 秒
64		瑞士球 - 仰卧 - 脊柱伸展	2 组	30 秒	静态保持	无
19		瑞士球 - 抱球下蹲至过顶举球	2 组	8 次	2-1-1	60 秒
20		瑞士球 - 站姿 - 交替侧踢	1 组	12 次（每侧6次）	中速	60 秒
40		瑞士球 - 俯卧 - 背部伸展静力	2 组	20 秒	静态保持	无间歇

训练计划 8：自信心提升训练方案

训练目的： 4 个动作为一组，循环训练，强化身体各主要大肌群的力量，刺激深层小肌群，挑战机体代谢恢复能力，综合提升运动表现，增强儿童的自信心。

页码	动作图片	动作名称	组数	重复次数/保持时间	练习节奏	间歇时间
67		瑞士球 - 仰卧 - 勾腿	2 组	8 次	1-1-2	60 秒
58		瑞士球 - 仰卧 - 夹球仰卧两头起	2 组	8 次	1-1-1	60 秒
72		瑞士球 - 哑铃 - 肘撑 - 肱二头肌弯举	2 组	8 次	1-2-2	60 秒
22		瑞士球 - 侧向分腿蹲	2 组（左右两侧各1组）	6 次	2-1-1	60 秒
39		瑞士球 - 下斜 - 俯撑屈膝	2 组	8 次	1-0-2	60 秒
71		瑞士球 - 跪姿 - 前推	2 组	6 次	2-1-1	60 秒

训练计划 9：柔韧灵活训练方案

训练目的： 增加关节、筋膜和韧带等组织的活动范围，扩大动作幅度，实现肌力最大化；降低肌肉黏滞性，减少不必要的能量损耗，消除动作代偿，预防运动损伤。

页码	动作图片	动作名称	组数	重复次数 / 保持时间	练习节奏	间歇时间
68		瑞士球 - 仰卧 - 抬腿交替转髋	1 组	10 次	慢速	无间歇
52		瑞士球 - 上斜 - 交替转肩	1 组	10 次（每侧 5 次）	慢速	无间歇
59		瑞士球 - 仰卧 - 夹球卷腹背部拉伸	1 组	10 次	1-5-1	无间歇
24		瑞士球 - 坐姿 - 交替转髋	1 组	20 次（每侧 10 次）	慢速	无间歇
73		瑞士球 - 跪姿 - 背阔肌拉伸	2 组（左右两侧各 1 组）	20 秒	静态保持	无间歇
40		瑞士球 - 俯卧 - 背部伸展静力	1 组	20 秒	静态保持	10 秒
64		瑞士球 - 仰卧 - 脊柱伸展	1 组	20 秒	静态保持	无间歇
20		瑞士球 - 站姿 - 交替侧踢	1 组	12 次（每侧 6 次）	中速	无间歇

4.4 儿童迷你带练习训练方案

训练计划 1：迷你带热身训练方案

训练目的： 利用迷你带的弹性阻力，进行上肢、下肢、全身的激活练习，提升体温，加快血液循环，动员肌肉收缩，提高神经系统敏感性，为之后的运动做好准备。

页码	动作图片	动作名称	组数	重复次数 / 保持时间	练习节奏	间歇时间
76		迷你带–站姿–肩关节三方向	1 组	三方向各8次，两边依次进行	中速	无间歇
82		迷你带–基本深蹲	1 组	8 次	慢速	20 秒
85		迷你带–基本姿–直线走	1 组	前后各行进10 步	匀速	无间歇
90		迷你带–双腿臀桥	1 组	8 次	慢速	无间歇

训练计划 2：专项激活训练方案

训练目的： 激活身体主要肌群，增强儿童关节的稳定性和核心区域的控制力，改进动作发力模式，可以提升在进行力量、爆发力和柔韧性等训练时的效率，保证动作链的完整性。

页码	动作图片	动作名称	组数	重复次数 / 保持时间	练习节奏	间歇时间
80		迷你带－四点支撑－肩关节画圈	2组（左右两侧各1组）	8次 左右依次进行	中速	20秒
78		迷你带－四点支撑－肩关节三方向	2组（左右两侧各1组）	三方向各8次	中速	无间歇
83		迷你带－髋关节外旋－单侧	2组（左右两侧各1组）	6次	中速	10秒
84		迷你带－运动姿双腿外旋	1组	8次	中速	10秒

训练计划 3：核心激活训练方案

训练目的： 有效提高核心区域周围肌肉的稳定性，强化儿童动作模式，加强核心控制能力，综合提升腰腹力量、爆发力和柔韧性等训练时的效率。

页码	动作图片	动作名称	组数	重复次数/保持时间	练习节奏	间歇时间
92		迷你带 - 四点支撑 - 髋关节三方向	2 组（左右两侧各 1 组）	三方向各 6 次	中速	15 秒
91		迷你带 - 四点支撑 - 髋关节画圈	2 组（左右两侧各 1 组）	6 圈	中速	15 秒
93		迷你带 - 侧卧 - 髋外展 - 单侧	2 组（左右两侧各 1 组）	6 次	中速	15 秒

训练计划 4："走得更稳"训练方案

训练目的： 通过迷你带抗阻训练来模仿日常行走的运动过程，以有效激活臀大肌，预防运动损伤，加强综合下肢力量、稳定性和协调性。

页码	动作图片	动作名称	组数	重复次数/保持时间	练习节奏	间歇时间
84		迷你带–运动姿双腿外旋	1组	8次	中速	20秒
85		迷你带–基本姿–直线走	1组	前后各行进10步	中速	20秒
86		迷你带–基本姿–侧向走	1组	分别向身体两侧行进10步	中速	20秒
88		迷你带–站姿–侧向交叉步	1组	分别向身体两侧行进8步	中速	20秒

参考文献

[1] 王雄 , 沈兆喆 . 身体功能训练动作手册 [M]. 北京 : 人民体育出版社 , 2014.

[2] Istvan Balyi, Richard Way, Colin Higgs. Long-Term Athlete Development [M]. Champaign, IL: Human Kinetics, 2013.

[3] Stephen J. Virgilio. Fitness Education for Children: A Team Approach [M]. Champaign, IL: Human Kinetics, 2012.

[4] Frances Cleland Donnelly, Suzanne S. Muller, David L. Gallahue. Developmental Physical Education for All Children: Theory into Practice (Fifth Edition) [M]. Champaign, IL: Human Kinetics, 2017.

[5] Shirley Holt, Hale Tina Hall. Lesson Planning for Elementary Physical Education: Meeting the National Standards & Grade-Level Outcomes [M]. Champaign, IL: Human Kinetics, 2016.

[6] Robert J. Doan, Lynn Couturier MacDonald, Stevie Chepko. Lesson Planning for Middle School Physical Education: Meeting the National Standards & Grade-Level Outcomes [M]. Champaign, IL: Human Kinetics, 2017.

[7] SHAPE America-Society of Health and Physical Educators. National Standards & Grade-Level Outcomes fork-12 physical education. Champaign, IL: Human Kinetics, 2014.

[8] Christine Galvan. Achieve Physical Education Curriculum (Sixth Edition). Gopher Sport, 2017.

[9] Ericsson, K. The influence of experience and deliberate practice on the development of superior performance., The Cambridge handbook of expertise and expert performance. Cambridge, UK: Cambridge University Press, 2006.

[10] Haibach, P. S., Reid, G., & Collier, D. J. Motor learning and development. Champaign, IL: Human Kinetics, 2011.

[11] Mitchell, S., Oslin, J., & Griffin, L. Teaching sport concepts and skills: A tactical games approach. Champaign, IL: Human Kinetics, 2006.

[12] A. Vonnie Colvin, EdD, Nancy J. Egner Markos, Med, Earlysville, Virginia. Teaching Fundamental Motor Skills (Third Edition). Champaign, IL: Human Kinetics, 2016.

[13] John Byl.101 Fun Warm-up and Cool-down games. Champaign, IL: Human Kinetics, 2014.

[14] 拉里·格林, 鲁斯·佩特. 青少年长跑训练: 第 3 版 [M]. 沈兆喆, 王雄译. 北京: 人民邮电出版社, 2016.

[15] 罗宾·S. 维莱, 梅利莎·A. 蔡斯 . 青少年体育运动指导与实践 [M]. 徐建方, 王雄译. 北京: 人民邮电出版社, 2017.

[16] 斯蒂芬·J. 维尔吉利奥. 儿童身体素质提升指导与实践: 第 2 版 [M]. 王雄译. 北京: 人民邮电出版社, 2017.

[17] 威廉·J. 克雷默, 史蒂文·J. 弗莱克. 青少年运动员力量训练: 第 2 版 [M]. 王雄, 徐建方译. 北京: 人民邮电出版社, 2018.

[18] 艾弗里·D. 费根鲍姆, 韦恩·L. 威斯克. 青少年力量训练: 针对身体素质、健身和运动专项的动作练习和方案设计 [M]. 王雄, 徐建方译. 北京: 人民邮电出版社, 2018.